TABLEAU

DU

CLIMAT DES ANTILLES.

TABLEAU

DU

CLIMAT DES ANTILLES,

ET DES PHÉNOMÈNES DE SON INFLUENCE SUR LES PLANTES, LES ANIMAUX ET L'ESPÈCE HUMAINE;

Lu à l'Académie Royale des Sciences de l'Institut de France,

Par le Chef-d'Escadron A. MOREAU DE JONNÈS,

Chevalier des Ordres Royaux de Saint-Louis et de la Légion-d'Honneur, Correspondant de l'Académie Royale des Sciences de l'Institut de France, Membre-Associé et Correspondant de l'Académie Royale de Médecine de Madrid, des Sociétés Philomatique et Philotechnique, de la Société Royale des Antiquaires de France, de la Société de la Faculté de Médecine de Paris, de la Société Médicale d'Emulation, des Sociétés Royales des Sciences de Rouen, Nancy et Rochefort, de l'Académie Royale de Médecine de Bordeaux, de la Société Vétérævienne d'Histoire Naturelle, etc.

PARIS,

DE L'IMPRIMERIE DE MIGNERET,

RUE DU DRAGON, F. S. G., N.º 20.

1817.

TABLEAU

DU CLIMAT DES ANTILLES, ET DES PHÉNOMÈNES DE SON INFLUENCE SUR LES PLANTES, LES ANIMAUX ET L'ESPÈCE HUMAINE.

1.º *Considérations générales sur les effets du climat.*

LE climat de l'Amérique équatoriale a toujours été funeste aux Européens ; et depuis la découverte du Nouveau-Monde, il n'a cessé de dévorer leurs nombreuses transmigrations. Lors de la conquête du Mexique, les compagnons de *Fernand-Cortès*, qui revirent leur patrie, étaient si pâles et si défaits, qu'au rapport des historiens espagnols contemporains (1), ils ressemblaient à des cadavres ; il en fut ainsi, lorsque les navires de l'expédition du commodore *Drake* revinrent en Angleterre ; et plusieurs mois, après leur retour en France, on reconnaissait, à l'altération de leurs traits, les militaires qui avaient fait partie de l'expédition de Saint-Domingue.

Il n'est pas jusqu'aux aborigènes, quelle que soit la race à laquelle ils appartiennent, qui ne soient soumis à cette puissance malfaisante du climat ; les Caraïbes de Saint-Vincent qui, en 1796, se sont réfugiés dans la province de Guatimala, pour échapper

____

(1) *Oviedo* et *Gomera.*

au joug britannique , ont succombé pour la plupart aux maladies épidémiques , produites par l'action d'une constitution atmosphérique dont la différence avec celle de leur contrée natale serait difficilement appréciable , mais dont la variation d'un lieu à un autre a toujours , en Amérique , des effets éminemment dangereux. En 1793 , les colons de la Martinique et les gens de couleur de cette île , qui, poursuivis par les maux de la guerre civile , cherchèrent un asyle à la Dominique , furent également en butte à une épidémie meurtrière , quoique leur nouveau séjour ne fût qu'à sept lieues de leurs foyers , et qu'il n'y ait aucune différence sensible entre le sol , les eaux et les productions de ces deux îles volcaniques.

Telle est l'activité des causes pertubatrices qui forment la puissance du climat , que même sans sortir du territoire circonscrit de chacune des îles de l'Archipel , le seul changement de demeure suffit fréquemment pour occasionner la perte de la santé. L'habitant des montagnes ne respire point sans danger l'air humide et chaud des cités , qui toutes sont à peine élevées de quelques pieds au-dessus du niveau de la mer ; s'il vient à séjourner dans les mornes , l'habitant des villes éprouve les inconvéniens du brusque passage d'une atmosphère embrâsée à une température que la rapidité des brises semble rendre glaciale. Enfin , par des causes encore inobservées , les villes situées sur le même littoral , à la même hauteur verticale au-dessus de l'Atlantique , et à des distances très-médiocres , paraissent ne pas offrir une identité parfaite dans leur constitution atmosphérique, puisque des maladies dont le germe y réside, se déclarent presque toujours parmi les troupes acclimatées d'une garnison dès qu'elles l'ont quittée pour une autre.

Ces étranges altérations physiologiques sont aussi constantes que générales ; elles ne se bornent point aux hommes d'Europe, dont l'acclimatement est si difficile : elles s'étendent aux animaux de ce continent, qui, lorsqu'on les transporte aux Antilles, perdent bientôt, du moins en partie, leur beauté, leur grandeur et leur force primitive. Après quelques générations, la taille du cheval n'excède pas celle de l'âne. Quelques mois suffisent pour dépouiller le bélier de sa toison et le coq de ses panaches brillans ; le premier se revêt, au lieu de laine, d'un poil rare et inutile ; le second éprouve la mue des grandes pennes intermédiaires de la queue. Plusieurs observations, que je projette de vérifier incessamment, me donnent même lieu de croire que le coq et la poule sans croupion (1), qu'on a dit être originaires de Perse, ne forment point une variété réelle, et ne sont si communs aux Antilles, que parce qu'ils doivent ce caractère négatif à une dégradation dont la cause est dans le climat.

Si l'on n'aperçoit point dans les formes des grands quadrupèdes de dégradations analogues, celle qu'offre la débilité de leur force musculaire n'est guères moins frappante. Transporté dans l'Archipel, le bœuf affai-

---

(1) *Gallus ecaudatus. Gallina ecaudata.* L.

bli n'est plus propre au labourage ; il cède sa place au taureau qui, tranquille et soumis, ne ressemble presque en rien à l'animal fougueux et indomptable de nos contrées.

Le chien d'Europe résiste davantage ; mais il éprouve autant que l'homme, dont il est le compagnon fidèle, la difficulté et le danger de contracter l'habitude de ce nouveau climat; comme son maître, souvent il succombe à des maladies épidémiques; et des affections cutanées opiniâtres annoncent qu'il est exposé à la même influence. On sait que, lors de la découverte de l'Archipel, la variété de cette espèce animale qu'on trouva dans les Antilles et dans les contrées continentales de l'Amérique, était d'une taille médiocre et d'une laideur remarquable. Il paraît qu'elle était privée de la faculté d'aboyer (1).

2.º *Protection que le climat accorde aux espèces végétales et animales provenant de l'Afrique.*

Le règne végétal présente une foule de faits analogues : le climat des Antilles repousse les plantes d'Europe, même celles qui prospèrent sous la température élevée de nos provinces méridionales. C'est pour elles seules qu'il refuse cette protection, qui multiplie, avec tant de rapidité, toute espèce étrangère, dont un individu est apporté sur les rivages de l'Archipel, par les hommes ou par le hasard. Les ombellifères ne

---

(1) *Canis americanus*, L. *Alco* de Joseph d'Acosta, L. 4, c. 33.

croissent que dans les jardins et par les soins les plus assidus de la culture; leurs semences exigent souvent d'être renouvelées, et c'est seulement par celle d'Europe qu'on obtient du sol, qu'il produise nos plantes crucifères. Mais, tandis qu'elles dégénèrent et que les animaux de nos contrées dépérissent et se dégradent, les productions de l'Afrique et toutes les races qui en sont originaires, reçoivent du climat de l'Archipel cette même protection qu'il refuse aux indigènes du Nouveau-Monde. Les cannes-à-sucre, qui couvrent aujourd'hui les campagnes Caraïbes et forment leur principale richesse, viennent primitivement de l'une des îles d'Afrique; c'est à l'Arabie qu'elles doivent leurs cafiers; une partie de leurs plantes alimentaires appartiennent à la côte de Guinée; leurs dattiers sont ceux de l'Atlas; c'est du Sénégal qu'on a transplanté aux Antilles ces tamarins dont l'ombre épaisse ne tarde pas à étouffer les arbustes américains qui les environnent; c'est ainsi qu'on voit chaque jour le hocco débonnaire chassé des contrées qui l'ont vu naître par la pintade africaine (1); c'est encore ainsi que quelques nègres échappés à un naufrage, et recueillis par les Caraïbes de Saint-Vincent, suffirent pour donner naissance à une race nouvelle qui, par sa prompte multiplication, fut bientôt assez puissante pour usurper la plus grande partie de cette île sur les aborigènes.

---

(1) Le hocco de Curaçao, *crax globicera*, L. — La pintade, *numida meleagris*, L.

Cette préférence , j'allais dire cette prédilection que le climat des Antilles accorde à tout ce qui provient des plages de l'Afrique , tandis qu'il proscrit tout ce qui doit son origine à l'Europe , a certainement sa cause dans l'analogie de la constitution atmosphérique de l'Archipel avec celle du premier de ces continens, et dans les grandes oppositions qu'elle présente avec celle du second. En effet, tandis que l'union du sec et du froid forme le caractère prédominant du climat de l'Europe continentale, la chaleur jointe à l'humidité constitue celui de l'Amérique équatoriale ; et, par un concours remarquable de causes générales et particulières, l'intensité de l'une et de l'autre est portée , dans l'Archipel , presque au même degré que sur les rives de la Gambie et du Sénégal.

. Comme sur les bords dangereux de ces fleuves , dont la latitude ne diffère que peu de celle de la Martinique , aux Antilles, la chaleur qui, pendant toute l'année , semble brûlante à l'Européen , redouble, quand le soleil passant l'équateur et s'avançant vers le tropique du cancer , parvient au Zénith de ces îles, et darde verticalement ses rayons. Cependant la haute température qui résulte de la proximité de cet astre, ne fait point ressembler le climat de l'Archipel à celui des belles contrées des Indes-Orientales, situées sous les mêmes parallèles. La chaleur solaire, en agissant sur la masse des eaux de l'Atlantique, élève une si grande quantité de vapeurs, que fréquemment la pluie tombe en torrens pendant dix à douze jours consécutifs, et que l'air demeure saturé d'humidité pendant les six mois de la présence du soleil dans l'hémisphère boréal.

3.° *Effets physiologiques des saisons.*

Cette saison, à laquelle on donne le nom d'hivernage, est à-la-fois pour l'Archipel le printemps et l'été de la nature ; les arbres se couronnent presque en même temps de fleurs et de fruits ; la sève circule avec énergie et rapidité ; des productions végétales s'emparent de toutes les surfaces ; des mousses, des lichens, des saxatiles couvrent les murs, descendent en festons sur leurs parois, et se dressent à leurs sommets. Des bignonées, des capraires, des zinnia, des hyptis se groupent sur le faîte des édifices (1) ; de hautes herbes qu'abreuve sans cesse l'humidité de l'atmosphère, enchâssent de toutes parts les pavés basaltiques des cités ; de grandes urticées, des stramoines, des euphorbes purpurescens s'élèvent le long des rues non-fréquentées (2), des plantes buissonneuses, telles que l'argémone mexicaine et plusieurs solanées (3), envahissent les places publiques, les forti-

---

(1) Le poirier, *bignonia pentaphylla*, L. — Le capraire biflore, ou thé de la Martinique, *capraria biflora*, L. — Le *zinnia multiflora*.

L'*hyptis capitata. H. verticillata*, etc.

(2) *Urtica corymbosa. U. rugosa*, L.

Datura stramonium. D. ferox.

Euphorbia hirta. E. myrtifolia. E. graminea.

(3) Le chardon. *Argemone mexicana.*

Solanum mammosum. S. jamaiense. S. racemosum. Persoon.

fications, et tous les terrains que les travaux des hommes cessent de défendre un instant contre l'exubérance de la végétation ; enfin , des agarics gigantesques croissent dans l'intérieur des appartemens habités ; et des byssus paraissent spontanément sur toutes les éaux dont le sol est inondé par des pluies diluviales.

C'est alors que des légions de crustacées voraces (1) descendent des montagnes , ou sortent des repaires que la génération précédente a creusés pour eux dans les rivages arénacés ; la vipère fer-de-lance se revêt d'une peau nouvelle (2), les oiseaux sédentaires appendent aux métastômes des forêts et aux feuilles gigantesques des heliconia (3), ces nids, dont la structure fait l'étonnement et l'admiration du voyageur (4). Les oiseaux entomophages des bords de l'Orénoque , privés d'alimens par les inondations immenses de ce fleuve , se confient alors aux tempétes du sud pour traverser les bras de mer qui séparent les Antilles (5). De toutes parts l'influence de la saison fait éclore des

---

(1) Le tourlouroux. *Cancer ruricola* , L. — Les crabes blancs , violets , les serriques , etc.

(2) *Vipera lanceolata*, Lacépède. — *Trigonocephalus lanceolatus* , Moreau de Jonnès.

(3) Le grand balisier des bois. *Heliconia bihai.*

(4) Les nids du *certhia flaveola*, du *trochilus pegasus* , *T. cristatus* , *T. violaceus* , *T. auratus* ; et ceux du carouge , *oriolus bonana* et *O. nidipendulus* , L.

(5) Ces oiseaux appartiennent principalement aux genres *anas* , *ardea* , *scolopax* , *tringa* et *fulica*.

êtres nouveaux ; des nuées d'insectes s'élèvent sans cesse des eaux stagnantes, ou s'échappent du sein de la terre ; des Lampyres (1) font briller, dans l'obscurité de la nuit, la vive lumière qu'ils produisent ; des criquets (2) font retentir les bois du bruissement de leurs élytres ; d'innombrables troupes de sauterelles, qui semblent apportées par les vents, apparaissent tout-à-coup dans les savanes qu'elles dépouillent de toute verdure ; enfin, des fourmis d'espèces multipliées, mais presque également redoutables, se dirigent en colonnes longues et serrées vers les objets que leur découvre un instinct, ou plutôt une sagacité qui ne peut être trompée par tous les soins des hommes.

A tant de signes manifestes de l'excès de la chaleur et de l'humidité du climat, on reconnaît la constitution atmosphérique la moins favorable à l'homme. En effet, à la Martinique, et généralement dans tout l'Archipel, le degré d'intensité de ces deux grands agens physiques étant connu, on peut, sur un nombre d'hommes donné, déterminer la proportion des individus malades ; et, en remontant aux causes par leurs effets, on peut déterminer, d'une manière précise, la constitution atmosphérique, par la fréquence et la nature des maladies.

L'hivernage amène presque toujours avec lui un effrayant cortège d'épidémies meurtrières. Les nègres et les gens de couleur sont atteints par des fièvres

---

(1) *Lampyris marginata.*
(2) *Acridium.*

muqueuses et gastriques ; ceux des Européens, qui sont affaiblis et comme étiolés par la longue action du climat, périssent alors par des fièvres hectiques et des dysenteries ; ceux qui, au contraire, n'ont point encore éprouvé cette action, sont soumis aux chances funestes que donnent les fièvres adynamiques et ataxiques, dont les dangers ne sont cependant encore que peu de chose, quand on les compare à ceux de la fièvre jaune.

A cette époque, les maladies cutanées, telles que la variole, la rougeole, les érysipèles, les dartres, prennent des caractères plus graves et une marche plus rapide. Des phlegmons de différentes espèces se montrent sur les diverses parties du corps ; le tétanos et des dégénérations putrides suivent ou accompagnent les lésions des organes ; il n'est pas jusqu'aux affections scorbutiques et aux virus cancéreux et scrophuleux, qui ne semblent alors, ainsi que l'éléphantiasis, prendre une activité plus pernicieuse.

La saison sèche suspend ou arrête la plus grande partie de ces calamités. Quand le soleil se rapproche du tropique du capricorne, la température devient moins ardente, l'atmosphère est moins humide et plus pure, le tonnerre gronde moins souvent, le colon cesse de craindre l'ouragan destructeur, et l'Européen les contagions américaines ; la verdure bleuâtre dont se teint dans la perspective le massif des forêts, prend une couleur plus sévère, l'océan de vapeurs qui, pendant tout l'hivernage, environne la haute région des montagnes, se dissipe et laisse apercevoir enfin les

orles crénelés de leurs anciens cratères. Les vents
alisés ne tardent pas à reprendre l'empire de l'air, et
bientôt les maladies de la saison humide disparaissent
avec les principes délétères qui les avaient causées.
Mais alors, il est vrai, quelques autres affections pathologiques sont produites par les oppositions forte-
ment contrastées que présente la constitution atmosphérique. L'abaissement de la température a les
mêmes effets que la saison froide de nos contrées :
aux phlegmasies cutanées succèdent les phlegmasies
muqueuses ; l'angine gutturale et le catarrhe pulmonaire deviennent fréquemment épidémiques parmi les
Créoles et les Européens acclimatés ; les rhumatis-
mes, les pleurésies, la coqueluche et l'asthme con-
vulsif, ont pour époque commune de leur invasion
cette saison de l'année.

Il est à regretter qu'on n'ait point encore pu-
blié sur les Antilles d'observations météorologiques
exactes et suivies, qu'on puisse appliquer à l'agricul-
ture, à la navigation, et sur-tout à l'hygiène et à la
nosologie. On ne peut douter que l'art de guérir, si
peu avancé dans ces contrées lointaines, n'eût trouvé
des résultats précieux dans la comparaison raisonnée
de la constitution atmosphérique et des effets pathologiques qu'elle produit. J'ai tenté, en 1814 et en 1815,
d'exécuter ce projet (1) ; mais je n'ai pu ajouter que

---

(1) *Voyez* Observations Météorologiques faites au Fort-
Royal de la Martinique , par *Alex. Moreau de Jonnès* ,
Bulletin de la Société Méd. d'Emulation , N.º III , mars
1816.

quelques mois d'observations à celles que j'avais déjà faites en 1806, 1807 et 1808. Quoique celles-ci montent à plus de trois mille, je ne considère point l'esquisse que je vais tracer comme assez parfaite pour offrir tout ce qu'on peut desirer sur ce sujet important ; ce sont seulement quelques données positives qui, en attendant mieux, serviront à apprécier la puissance du climat de l'Archipel sur les trois règnes de la nature.

4.º *De la Température atmosphérique.*

A la Martinique, sous le 14ᵉ parallèle boréal, et au centre de l'Archipel des Antilles, la température que ce thermomètre indique, quand il est exposé à l'ombre et à l'air libre, quelques pieds seulement au-dessus du niveau de la mer, a pour *maximum* le 28° *Réaumurien.* — 95° de *Farenheit ;* elle a pour *minimum* le 16° *R.* — 69° de *F. ;* ce qui donne seulement une différence de 12 degrés de la première de ces échelles, et de 16 de la seconde.

En prenant le milieu de ces hauteurs thermomè-triques, il semblerait que la température moyenne de l'Archipel ne s'élève qu'au 22° de *R.* — 82° de *F. ;* mais, en additionnant, comme le font les physiciens, la totalité des observations de l'année, et en divisant, par le nombre de ces observations, la somme qu'elles donnent, on trouve que la température est réelle-ment plus haute, et qu'elle a pour terme moyen, à l'ombre, le 24° *R.* — 86°÷ de *F. :* résultat qui est plus proche de la vérité que le précédent.

La chaleur atmosphérique varie à l'ombre ainsi qu'au

soleil, selon l'exposition des lieux, les formes géologiques du sol et la nature des surfaces. La température est plus basse d'environ un degré *Réaumurien* sur la côte orientale qui reçoit l'action immédiate des vents alisés ; elle est, au contraire, plus haute d'un degré dans les vallons resserrés de la côte sous le vent ; elle s'abaisse dans les lieux boiseux ; elle s'élève dans l'atmosphère des terrains tuffacés, ponceux et calcaires, sur-tout lorsque leur coupe est verticale, car étant dépouillées de verdure, la structure et la couleur des surfaces concentrent et réfléchissent la chaleur solaire.

L'élévation du sol au-dessus du niveau de l'Atlantique produit un abaissement gradatif de la température. A la hauteur de 1,350 pieds, j'ai fréquemment trouvé une différence de 5 degrés *Réaumuriens*, entre la chaleur du Fort-Royal de la Martinique et celle de la Savane-des-Pères, au pied des grands pitons volcaniques du Carbet. Suivant l'observation du docteur *Pugnet*, au morne-fortuné de Sainte-Lucie, à 1,000 pieds au-dessus de la ville de Castries, qui est située presque au niveau de la mer, l'échelle de la température est entre le 15.e et le 26.e degrés *Réaumuriens*, dans toute l'étendue de l'année.

Suivant ma propre observation, au mois de février 1806, à deux heures après midi, la température n'excédait pas le $14° \frac{3}{4}$ de *R.* — 64° de *F.*, à environ 5,000 pieds au-dessus du niveau de la mer, au sommet du plus méridional des pitons du Carbet à la Martinique. L'année suivante, au mois d'avril, à onze heures et demie du matin, mais par un temps moins beau, le thermomètre n'indiqua, au même lieu, que le 15°. *R.* — 61° de *F.*

En 1807, au mois d'avril, à deux heures après midi, il se fixa au 15° ½ de *R.* — 67° ½ de *F.*, à 4,500 pieds au-dessus du niveau de la mer, au sommet du volcan éteint de la Montagne pelée dans la même île

Suivant l'observation de *Happel la Chenaie*, au mois de février 1798, à midi, ce thermomètre indiqua le 16° ¾ de *R.* — 69° de *F.*, sur le plateau de la souffrière de la Guadeloupe, à 800 toises au-dessus de la mer.

On peut, d'après ces données, considérer le 15° *Réaumurien* comme le terme le plus élevé de la température des mois de février et d'avril, sur les hautes montagnes de la Martinique et de la Guadeloupe, à environ 5,000 pieds au-dessus de l'Atlantique équatoriale.

Les mêmes modifications se retrouvent dans la température que produit l'action médiate des rayons du soleil. Dans son *maximum*, elle fait monter fréquemment le mercure du thermomètre au 37° *R.* — 116° de *F.*, et même jusqu'au 44° — 131°. Mais, dans cette dernière indication, on peut supposer souvent, avec raison, que la chaleur est augmentée par l'influence de circonstances locales.

Les observations du docteur *Clarke*, faites au Roseau de la Dominique, ne diffèrent que très-peu des miennes. Il en résulte que dans cette ville, pendant les mois de juin, juillet, août et septembre, la température est au soleil de 120° de *F.*, et que ses deux termes extrêmes sont à l'ombre le 79.ᵉ et le 92.ᵉ de la même échelle (1).

En considérant la température, tant à l'ombre qu'au soleil, entre ses deux limites, et telle que l'éprouvent les hommes, les animaux et les plantes dans l'étendue de l'année, on trouve qu'elle parcourt une échelle de 24° *Réaumuriens.* Si l'on additionne la totalité des observations annuelles, et si on divise par leur nombre la somme qui en résulte, on trouve également que c'est entre le 28.ᵉ et le 29.ᵉ degrés *Réaumuriens* qu'il faut fixer le terme moyen de la température, considérée en général entre ses points extrêmes.

Il est évident, par ces observations, que si l'on calculait la chaleur du climat des Antilles d'après leur éloignement de la ligne équatoriale, on n'obtiendrait qu'un résultat erroné. La température de l'Archipel est moins haute que celle de l'Italie pendant l'été, et elle est beaucoup plus variable dans sa durée journalière. A Rome, le mercure s'élève assez souvent au-delà du 30° *Réaumurien*, et il demeure stationnaire à cette hauteur pendant huit à dix jours. Il n'en est point ainsi aux Antilles : pendant la présence du soleil sur l'horizon, la chaleur diminue instantanément par l'action rapide de la brise, l'interposition de nuages denses et rembrunis, la chute de pluies subites et diluviales, la projection de l'ombre des hautes mon-

---

(1) *A treatise on the yellow fever.*

tagnes , et par d'autres circonstances analogues. Pendant la nuit , la condensation des nuages autour des
Pitons , leur abaissement dans la région moyenne de
l'air , la transpiration des forêts , les inondations des
vallées par le débordement des torrens des montagnes, concourent à produire le même effet : il résulte
sur-tout de la longueur de l'absence du soleil. Tel est
le gisement de la Martinique , par exemple, que les
jours les plus longs sont seulement de 12 h. 56′, et
les plus courts de 11 h. 14′ ; ce qui ne fait qu'une différence d'une heure 42 min. entre la longueur des jours
du mois de juin et ceux du mois de décembre. On sait
que d'ailleurs sous le 14.e parallèle le crépuscule n'a-
joute que peu d'instans au jour , et qu'il fait nuit presqu'aussitôt que le disque du soleil est au-dessous de
l'horizon. La différence de méridien entre la Martinique et Paris en produit une de temps, entre ces
deux points du globe, égale à 4 h. 13′ 44″; d'où il
suit que quand pour la métropole le soleil atteint sa
plus grande hauteur, il n'est pas encore assez élevé
au Fort-Royal pour produire, par la raréfaction de
l'atmosphère, le commencement de la brise du matin.

Si la température la plus haute des Antilles n'excède
pas celle qu'on éprouve en été dans les parties méridionales de l'Europe, il n'y a pourtant aucune comparaison entre le froid qu'on y ressent, et la température la plus basse de l'Archipel. Au niveau de la mer,
le thermomètre exposé au point du jour à l'air libre ne
descend pas communément, pendant décembre et janvier, au-dessous du 18° R.—72° ½ de F. Cet abaissement

est un peu plus considérable dans les îles situées au nord de la Martinique ; il est de quelque chose en moins dans celles situées au sud. Tandis que cette température fait éprouver une forte sensation de chaleur dans les provinces méridionales de l'Angleterre et dans celles du nord de la France, elle produit aux Antilles, sur les créoles et sur les européens acclimatés, l'impression d'un froid relatif, vif et piquant.

Cette différence entre l'indication thermométrique et l'effet de la température sur les organes, ne peut pas être déterminée avec précision, parce qu'elle varie singulièrement, en raison de la constitution des individus, des habitudes de la vie et du degré d'acclimatement. Néanmoins après neuf ans de séjour et d'observations dans l'Archipel, je crois pouvoir donner les termes suivans, comme exprimant approximativement les rapports de la sensation que le corps humain éprouve par les variations de la chaleur tropicale.

Lorsque le thermomètre est au 20° R. — 77° de F. le froid relatif commence à être remarquable ; au 19° — 75°, il devient très-vif et on est transi, même dans l'intérieur des maisons, sur-tout s'il fait du vent. Dans les années les plus froides, comme celle de 1808, pendant laquelle le mercure descendit au 16° — 69°, le matin, au point du jour, les créoles sont soumis aux effets qu'on éprouve, en France, lorsque le thermomètre est au-dessous de zéro ; et lorsqu'en 1806 cet instrument étant exposé à l'air libre au sommet des Pitons du Carbet, demeura stationnaire au 14°—34°, j'ai vu produire, par la différence de 9° $\frac{1}{2}$ entre cette température et celle du pied de ces montagnes, les mêmes phénomènes qui résultent, en Europe, de l'action d'un froid excessif sur l'économie animale.

Lorsqu'au contraire le mercure est entre le 23.ᵉ et le 24.ᵉ degrés *Réaumuriens*—84° et 86° ½ de *F*. la chaleur est douce et agréable, la transpiration modérée et les digestions faciles. L'exercice du corps et celui de la pensée peuvent être supportés par le créole et par l'européen acclimaté. Au-dessus du 24° — 86.° ½, la chaleur est forte et commence à devenir pénible. Au 27° —93° ½ elle est étouffante à moins d'une brise salutaire. Au 28°-95° le mal-aise que produit l'élévation de la température a tous les symptômes d'une maladie véritable; et lorsqu'au soleil on est exposé quelque temps à une chaleur de 44° — 131°, c'est-à-dire excédant de 12° à 14° celle du sang, le corps humain est prêt à recevoir, par l'effet d'un passage rapide à une température plus basse, tout ce que l'Archipel a de maux redoutables.

L'heure à laquelle le mercure du thermomètre est au *minimum* de sa hauteur, est ordinairement au point du jour. On le trouve alors, selon les saisons, entre le 18.ᵉ et le 22.ᵉ degrés — 72° et 82° ⅖. Il éprouve ensuite une progression d'élévation à mesure que le soleil s'avance vers le méridien. Entre deux et trois heures, la chaleur est à son plus haut terme; elle décroît enfin lentement, et devient, dans la soirée, aussi douce et aussi agréable qu'elle avait été brûlante et pénible, quand le soleil était au zénith.

La température d'une année comparée à celle d'une autre, varie beaucoup moins que dans notre climat.

Cependant il existe des différences notables , telles que celles qu'offrirent, en 1808, les mois de décembre et de janvier ; le mercure descendit alors communément, au point du jour, à près de 4° au-dessous du *minimum* ordinaire de sa hauteur pendant la saison sèche.

Les variations annuelles de la température sont moins grandes dans son terme le plus élevé ; j'ai toujours vu la chaleur de l'hivernage faire monter le thermomètre au 28ᵛ *Réaumurien*; et pendant plusieurs années d'observations , je n'ai trouvé de différence que dans la durée de cette température , et non comme en Europe dans son degré d'intensité.

5.º *Des Effets produits sur les corps organisés , par le froid relatif de l'atmosphère des Antilles.*

C'est pendant les mois de décembre, janvier , février et mars que la chaleur est à son terme le plus bas ; elle varie alors du 17.ᵉ au 19.ᵉ degré de *Réaumur* dans son *minimum* , et du 22.º au 24.º dans son *maximum*. Ce froid relatif ne dépouille point les bois de leur feuillage ; mais il rend leur verdure plus sombre , et dans un grand nombre d'espèces (1), il la change par l'intermédiaire de la couleur jaune en des teintes rouges très-vives et très-brillantes. Cependant l'abaissement extrême de la température ne peut même empêcher de fleurir les plantes du littoral de toutes les eaux ; on trouve alors en fleurs, près des rivages marécageux,

---

(1) Ces espèces appartiennent aux genres *croton* , *cytharexylum* , *calophyllum* , etc.

2..

le palétuvier et l'olivier des bords de mer (1). Dans les vallées et le long des ruisseaux, on voit également le *pancratium littorale*, le *boerhavia hirsuta*, le *jussieua suffruticosa*, l'argemone, la poincillade et plusieurs convolvulacées (2). Néanmoins ce sont les Eupatoires (3) qui semblent annoncer le retour du soleil, en se couvrant, dès les premiers instans de son influence, d'une multitude de fleurs qui blanchissent leurs épais fourrés, et répandent dans l'air une odeur forte, aromatique et comme médicinale. Dans la région des bois ce sont les fleurs azurées du *petrea volubilis*. qui signalent les premiers effets d'une température plus élevée.

La sensation du froid qu'on éprouve dans cette saison, est moins causée par l'abaissement réel de la température, que par l'action rapide des brises du nord. La dessication qu'elles produisent, par une exhalation inaccoutumée, étend également ses effets sur les plantes et sur les animaux ; il n'est pas jusqu'à la terre qui ne l'éprouve et qui ne se gerce profondément. Les fissures que la sécheresse ouvre ainsi chaque année, servent d'issues aux générations d'insectes qui, l'année précédente, y avaient trouvé leur berceau.

Parmi ces générations qui pullulent les premières,

----

(1) Le palétuvier, *avicenia nitida*.

L'olivier des bords de mer, *bontia daphnoïdes*.

(2) L'argemone ou chardon, *argemone mexicana*.

La poincillade ou macata, *poinciana pulcherrima*, etc.

(3) *Eupatorium macrophyllum*, *E. atriplicifolium*, etc.

dans les savanes dont les graminées sont encore brû-
lées par les vents, on doit remarquer un *acarus* pur-
purescent, connu à la Martinique sous le nom de bête
rouge, et à la Guyane sous celui de pou d'agouti. Cet
insecte imperceptible et dévorant, est du petit nombre
de ceux qui résistent aux effets de la saison sèche ; il
en est ainsi de la dangereuse *Spigelia* (1) qui, quelquefois, est la seule de toutes les herbes des savanes dont
les brises carabinées du Nord ne fasse pas disparaître la
verdure.

Les eaux des marais étant alors taries par la sécheresse, les vases noires et profondes d'où s'élèvent les
palétuviers sont presque toujours découvertes à cette
époque de l'année. Les gaz pernicieux qu'elles exha-
lent, par l'effet de leur contact avec l'atmosphère,
produisent des fièvres intermittentes, dont l'opiniâ-
treté peut à peine être vaincue par la puissance salutaire du quinquina. Ces affections sont toutefois bor-
nées aux rivages d'alluvions des bassins formés par
l'intervalle des anciens volcans éteints ; elles sont
étrangères aux terrains tuffacés, calcaires ou ponceux, sur-tout quand ils sont soumis immédiatement
à l'action des vents.

Si l'on en croyait une opinion qui semble avoir
pris quelque consistance dans l'Europe savante, l'a-
baissement de la température des Antilles au-dessous
du 24° *Réaumurien*, depuis le solstice d'hiver jusqu'à
l'équinoxe du printemps, exclurait toute possibilité de

---

(1) Le Brinvilier, *spigelia anthelmia*. L.

la production spontanée de la fièvre jaune. En attri-
buant cette terrible épidémie à l'excès de la chaleur,
le médecin *Davidson* a cru pouvoir assigner ce terme
comme celui où commencent la malignité et la con-
tagion. Mais, malheureusement cette opinion est con-
jecturale, comme la plus grande partie de ce qui a été
écrit jusqu'à ce jour sur cet important sujet. A la Martinique, sur le lieu même où, en 1796, le docteur
Davidson fit les observations qui paraissent avoir servi
de fondemens à son assertion, j'ai vu la fièvre jaune
éclater spontanément, et prendre un caractère épidémique et contagieux, lorsqu'au mois de janvier
1808, par un froid extraordinaire, le thermomètre ne
variait, dans ses termes les plus distans, que du
22° *R.* au 16° ½.

Quand cette irruption commença parmi les conscrits
arrivés de France vingt jours auparavant, la fièvre
jaune n'existait certainement point dans l'île; et la
considération attentive des circonstances ne me permet pas de croire qu'elle y eût été importée. Cependant, et malgré l'état de l'atmosphère, dont la sécheresse et la basse température semblaient devoir s'op-
poser, suivant l'opinion commune, à l'invasion de
l'épidémie, telle fut son activité que, dès son début,
elle fit périr plusieurs jeunes gens en trente-six heures
de maladie; quinze jours après, elle atteignit, dans
ses progrès, jusqu'à des militaires qu'on croyait acclimatés par un assez long séjour aux Antilles; et au
mois de mars, lorsque les limites de la chaleur étaient
le 18° et le 23° ½ — 72° et 86° de *F.*, — la mort sur-

vint fréquemment vingt-huit heures après les premiers symptômes. Dans le nombre de ceux que je vis mourir ainsi, se trouva un soldat qui depuis deux ans était aux Antilles, et qui conséquemment devait être beaucoup moins susceptible de contracter l'épidémie.

Cette extension inquiétante fut l'un des traits remarquables de cette invasion, mais elle en présenta un autre plus caractéristique. Quoique le vomissement noir fût presque invariablement parmi les symptômes, manifestant l'intensité du principe de l'épidémie, je vis rarement, dans les premiers temps de l'irruption, l'effusion d'ictère avoir lieu pendant la vie. Presque toujours ce caractère ne paraissait qu'après la mort. Le même fait pathologique s'est encore offert à mon observation au mois de janvier 1815, dans les exemples isolés que la fièvre jaune offrit, à la Martinique, parmi les militaires nouvellement arrivés. A cette dernière époque, la température était encore au-dessous du terme assigné par le médecin *Davidson;* elle ne s'élevait dans son *maximum* qu'au 23° *R.;* — et elle descendait dans son *minimum* jusqu'au 17° ¼.

Si ces faits prouvent, contre l'opinion commune, qu'une forte chaleur n'est point une condition nécessaire de la production spontanée de la fièvre jaune, on doit convenir cependant qu'elle paraît la favoriser. Les chances du développement épidémique de cette maladie semblent s'augmenter, dans l'Archipel, comme les degrés de la température, dans la proportion de la proximité du soleil; elles décroissent en raison de son éloignement; cependant lorsque quelques circonstances particulières préviennent et empêchent l'intermittence ordinaire de l'épidémie pendant la saison froide, il n'est pas sans exemple que l'invasion d'une année ne s'étende jusqu'à celle de l'autre. La mémorable irruption de 1802 continua ses ravages jusqu'en 1803 sans aucune rémission, mais non pas, il est vrai, sans aucune différence dans l'intensité de ses symptômes. Il en fut ainsi de l'irruption de 1808, qui dura jusqu'en 1809. C'est comme témoin oculaire que je puis parler de ces deux épidémies ; la première enleva autour de moi tous ceux qui m'étaient chers ; et sur ce sujet pénible, mes observations cliniques sont les tristes souvenirs de l'amitié.

6.° *De l'Influence qu'exerce, sur les différens systèmes d'organes de l'Espèce humaine, la constitution chaude et humide de l'atmosphère des Antilles.*

Du mois de mars jusqu'au mois de juin, quand le soleil s'avance de l'équinoxe du printemps au solstice d'été, le thermomètre varie du 18.ᵉ au 20.ᵉ degré *Réaumurien* dans son *minimum*, et du 25.ᵉ au 26.ᵉ dans son *maximum;* mais, depuis la fin de juin jusqu'à celle de septembre, la température devient ardente, et le mercure demeure stationnaire entre le 22.ᵉ et le 28.ᵉ

De nombreux phénomènes physiologiques résultent alors aux Antilles de l'excès de la chaleur, ou plutôt de la durée de son action, et sur-tout de son union avec l'humidité. Dans les décompositions animales

qui sont si rapides et si multipliées, chaque point se
meut, et chaque molécule semble douée de la vie;
des vers immondes, qui couvrent le sol par leurs
longues traînées, cherchent à s'échapper des sentines
où ils ont pris naissance. Des myriades de dyptères (1)
s'élèvent des eaux croupissantes; ils obscurcissent l'air
au coucher du soleil; et ce que j'ai vu plusieurs fois
dans les habitations situées au milieu des palétuviers,
ces insectes qu'attirent les lumières des appartemens se
précipitant en foule vers elles, ils les éteignent en y
trouvant la mort.

Mais autant la constitution atmosphérique est favorable aux dernières classes zoologiques, autant elle
est funeste aux premières ; dans l'espèce humaine,
une atonie générale s'étend sympathiquement ou par
des effets immédiats sur les divers systèmes d'organes ;
elle ne cesse point avec la période de l'année, qui
présente le *maximum* de ses causes; et c'est d'elle
que la physiologie des habitans des Antilles prend ses
caractères principaux essentiels.

Dans le système moteur cette atonie se manifeste :

1.º Par l'infériorité de la puissance musculaire, soit
dans l'étendue, soit dans la durée de ses efforts,
comparativément au développement de cette faculté
dans les habitans de l'Europe ;

2.º Par les habitudes du corps dans la station ou
dans la marche ;

3.º Par le relâchement des ligamens articulaires,

---

(1) *Culex annulatus* , *C. pulicaris,* etc.

qui reculant les limites ordinaires du degré de flexion et d'extension, produit dans les extrémités du corps une mobilité extrême, qui présente non-seulement l'image de la débilité, mais encore même celle de la dislocation;

4.º Par le danger que produit, pour la santé ou même pour la vie, tout effort violent ou prolongé du système moteur;

5.º Par la prostration générale des forces et le besoin d'être alité qui accompagne l'invasion de toute espèce de maladie;

6.º Et enfin, par l'amour invincible du repos qui, aux Antilles, est bien moins une disposition morale qu'une nécessité impérieuse résultant de l'affaiblissement de la force musculaire (1).

Le système nerveux ne peut par sa nature présenter à l'observation une série de phénomènes aussi manifestes; cependant il en est plusieurs qui attestent l'influence à laquelle il est soumis. Telle est dans les races africaines cette sorte d'irritabilité qui, remplaçant la sensibilité nerveuse, semble bien moins appartenir aux ébranlemens de l'organe cérébral qu'à ces mouvemens spasmodiques propres à la constitution

---

(1) *Voyez* les preuves à l'appui de ces assertions, dans le mémoire d'admission de l'auteur, à la Société de la Faculté de Médecine de Paris, imprimé dans les Bulletins de cet illustre Corps, sous le titre *d'Observations sur l'influence qu'exerce le climat des Antilles sur le système moteur*; septembre 1816.

éminemment lymphatique des femmes et des enfans, et dont on trouve des exemples dans les dernières classes zoologiques. Tel est encore, sur-tout dans ces mêmes races, ce sommeil profond et cette stupeur prolongée qui le suit, et qui offre le plus haut degré d'affaissement des forces vitales. Sans doute, en Europe, l'homme du peuple qui vit d'un travail pénible dort profondément, mais non comme celui des Antilles, que souvent le bruit ne peut réveiller et que la douleur tire à peine de cette étrange léthargie. Dans un bivouac avancé et composé de soldats appartenant à ces deux races si différentes, on peut faire, sur-tout à l'heure du péril, cette observation remarquable.

Parmi les autres phénomènes que le système nerveux présente dans l'examen des individus d'origine africaine, on remarque avec étonnement l'obscurité des sensations de la douleur physique et morale. Transporté dans l'Archipel, le nègre semble avoir hérité de l'insensibilité que les anciens aborigènes de l'Amérique montraient dans les supplices. C'est le physiologiste et non le philosophe qui peut expliquer cette singulière transmission, et cette influence dont le pouvoir tend à rompre les liens de la société, puisque, après une action atroce, il n'y a, pour le coupable, ni expiation ni remords, et que le juste châtiment qu'on lui inflige est moins un exemple effrayant qu'une leçon funeste (1).

____

(1) On doit se rappeler encore à la Martinique, si

Il est vrai que par une sorte de compensation les mêmes causes physiques s'opposent à la multiplication des crimes qui, tels que le vol, le suicide, le meurtre, ont lieu fréquemment dans les contrées de l'Europe, dont la civilisation est bien plus parfaite et les lois bien plus vigilantes. Ce qu'on raconte des nègres, qui avalent leur langue, ou qui se pendent pour retourner dans leur pays, ne mérite pas plus de foi que cette foule d'histoires controuvées, recueillies et répétées

---

d'autres crimes semblables n'ont pas fait oublier celui-ci, qu'en 1807, un nègre comblé des bienfaits de son maître, vint déclarer volontairement, sans être même soupçonné, que c'était lui qui l'avait empoisonné, ainsi que sa maîtresse et son jeune enfant, tous morts dans l'espace de quinze jours, avec les symptômes de la dysenterie. Traduit devant un tribunal, il répéta cette déclaration, et raconta avec la plus grande présence d'esprit et un sang-froid inaltérable, le moindre détail de tout ce qu'il avait fait pour assurer la consommation de ces crimes. Afin qu'on ne doutât point de son récit, il ajouta qu'une grande quantité de nègres, qui tous étaient péris avec les symptômes de la même maladie, et qui la plupart étaient ses amis et ses parens, n'avaient succombé que par l'effet du poison qu'il leur avait donné ; et il retraça aussitôt les diverses circonstances de leur mort, avec une imperturbabilité qui fit frémir ses juges et l'auditoire. Etant enfin parvenu à prouver les crimes dont il s'accusait, il fut condamné au bûcher, et il y porta la même indifférence avec laquelle il avait retracé ses crimes et provoqué son supplice.

par les premiers voyageurs de l'Archipel. Dans une population de plus de cent vingt mille habitans, pas un seul exemple certain de suicide n'est venu à ma connaissance dans un espace de dix ans. En deux occasions, où l'on prétendait que des hommes de race africaine s'étaient donné la mort en avalant leur langue, je me suis assuré, par une inspection attentive de leur cadavre, que cette assertion était totalement dénuée de fondement; et je doute même de la possibilité de ce genre de suicide. Dans l'un de ces deux cas, je puis affirmer que la mort était survenue par la suffocation qu'avait produite une angine laryngée ou trachéale ; dans l'autre cas, je reconnus une phlegmasie gutturale ; mais je manquais de connaissances assez exactes et assez positives pour en déterminer l'espèce.

En remarquant combien l'homicide est rare dans l'Archipel par tout autre moyen que par le poison, on acquiert une nouvelle preuve de l'influence qu'exerce la température sur les dispositions morales des hommes. L'union du chaud et de l'humidité détruit les passions énergiques et violentes, tandis que sous la zone tempérée le retour annuel du froid produisant un effet contraire, devient l'époque et la cause prédisposante d'actions criminelles. On sait que dans les Iles Britanniques, le vent du nord-est, qui est extraordinairement froid, a été surnommé le vent des pendus, parce que c'est alors que se commettent les plus nombreux suicides.

Il n'est pas jusqu'au choix des moyens que la perversité emploie, aux Antilles, pour consommer le crime, qui ne tende. à prouver l'influence asthénique du climat. On conçoit que l'empoisonneur n'a besoin, pour mériter ce nom affreux, d'aucune des qualités nécessaires à celui qui commet un vol ou un meurtre ; pour réussir, il lui suffit de quelque adresse et du suc de quelques plantes ; aucune énergie, aucun courage, nulle intrépidité n'accompagnent ce crime.

On ne peut se refuser à imaginer que le système sanguin ne soit également soumis à des modifications, quand on considère quelle prostration des forces vitales suit immédiatement aux Antilles la moindre effusion du sang ; on est sur-tout tenté de le croire, en se rappelant que dans la fièvre jaune les hémorrhagies sont l'un des symptômes principaux de cette crise funeste qu'éprouvent ceux dont la constitution n'est pas encore en harmonie avec le climat. Cependant pour faire sortir cette opinion de la classe des hypothèses, il ne peut y avoir de fructueux que l'expérience et l'observation ; et ce n'est point à celui qui, comme moi, est étranger à la science d'Hippocrate, qu'il peut appartenir d'entreprendre sur ce sujet des recherches non moins difficiles qu'intéressantes. Aussi bornerai-je à un fait historique, ce qui se rapporte aux modifications que le climat de l'Archipel paraît faire éprouver au système sanguin. Dans les premiers temps de la colonisation de la Martinique et de la Guadeloupe, l'effusion du sang par tous les pores de la peau était l'un des symptômes communs de la fièvre jaune ; maintenant il n'en est plus ainsi. On ne cite, depuis quinze ans, dans la première de ces deux îles, que quelques cas isolés d'hémorrhagies générales, et encore ces faits auraient-ils besoin d'être constatés. Dans la plupart des irruptions de l'épidémie, telles que celle dont les ravages duraient encore à la fin de novembre dernier, les hémorrhagies sont partielles, et elles ont lieu par le nez ou par l'anus. Dans l'irruption de 1806, j'ai eu de fréquentes occasions d'observer que celles par la première de ces voies annonçaient une crise salutaire, mais que les autres étaient suivies de la mort; plusieurs faits semblables, qui viennent d'avoir lieu dans l'invasion de la fin de 1816, appuient cette observation.

Comme tous les autres organes, les viscères éprouvent dans leurs fonctions de nombreuses irrégularités pathologiques. Les affections, dont la matrice est le siége, sont si communes et si violentes, qu'elles ont accrédité parmi les femmes de couleur, l'étrange croyance que cet organe est un véritable animal qui a ses caprices, ses goûts et ses appétits, et qui se livre, disent-elles, dans leur corps à des mouvemens divers, d'où naissent les maux dont elles sont affligées.

Il serait trop long d'énumérer ici les maladies qui attaquent les viscères abdominaux; on dira seulement que les dysenteries qui produisent tant de ravages, ont leur cause première dans la débilité d'action de ces systêmes d'organes; et c'est très-vraisemblablement à leurs altérations morbifiques qu'il faut attribuer le goût bizarre qu'ont, pour manger de la terre, les individus de toutes les castes de l'Archipel , appartenant à l'Afrique par leur origine (1)

Les organes intérieurs ne sont pas seuls livrés à .ces anomalies climatériques ; l'action d'une température brûlante faisant éprouver à la peau une excitation continuelle, la rend le siège de phénomènes nombreux. Le flux de la transpiration l'humecte sans cesse ; il imbibe tous les vêtemens et les charge d'une quantité visible et remarquable de phosphate terreux. Dans les originaires d'Afrique son odeur est forte, tenace, nauséeuse et ammoniacale ; il est digne d'observation que ses effluves conservent encore une partie de ces caractères, lors même que le croisement des races a fait disparaître les autres différences physiologiques.

L'équilibre qui doit exister entre les secrétions étant rompu par l'exubérance de la sueur, l'urine est très-peu abondante , malgré la grande quantité de boissons par laquelle on cherche à appaiser l'altération que produit la chaleur. La déviation qu'elle éprouve dans

---

(1) *Voyez* sur ce sujet un mémoire de l'auteur , intitulé : *Observations sur les Géophages des Antilles.* Les savans éditeurs des Annales de Chimie, de la Bibliothèque Universelle et de la Bibliothèque Médicale., ont bien voulu donner une analyse de cet opuscule, et le juger avec la bienveillance la plus encourageante. Il est inséré dans le Bulletin de la Société Médicale d'Emulation (du mois de mai 1816); et il vient d'être réimprimé dans le Journal de physique du professeur *Lamettrie*, et dans les Annales maritimes et coloniales.

les Européens habitués dès l'enfance à un autre mode
de secrétion , peut-être aussi l'inertie relative des voies
urinaires , contribuent à déterminer dans celles-ci des
affections graves, lorsque le retour dans nos climats
produit un changement nouveau.

La peau , débilitée dans sa force de contractilité ,
par la constitution chaude et humide de l'Archipel ,
partage non-seulement avec le système pulmonaire
le pouvoir funeste de propager les contagions , mais
elle-même en est souvent le siége ; elle est fréquemment altérée par des desquammations et par ces
signes que le vulgaire attribue à l'imagination des mères
pendant la grossesse ; elle est attaquée par des affections
psoriques et dartreuses , et par des phlegmasies locales ;
enfin des exanthèmes sont les symptômes principaux
et essentiels de toutes les maladies graves des Antilles.
Tels sont le pian , dans la syphilis et dans la fièvre
jaune , l'éruption miliaire , les pétéchies et les bubons.

Le système lymphatique est le réceptacle de vices
non moins dangereux ; outre le scrophule , l'éléphantiasis se montre dans tout l'Archipel , et quoique cette
affreuse maladie paraisse plus particulièrement endé-
mique des îles calcaires , elle est néanmoins répandue
dans toutes les Antilles.

Si l'on considère même , dans l'état de santé , certains organes que leurs fonctions rattachent au système
générateur , ils présentent au voyageur l'observation
du dernier terme de la dégradation , dont le temps
joint à l'effet du climat puisse frapper quelques parties du corps humain. Les femmes africaines que leur

constitution éminemment lymphatique livre plus spécialement au pouvoir de ces agens, en éprouvent tellement l'influence, que ce n'est presque pas une exagération de dire d'elles, comme Juvénal le disait des Ethiopiennes de Méroë : on voit le sein des mères plus grand que le corps des enfans. Ce dépérissement qui est à-la-fois prématuré et inimaginable à l'Européen, ne peut s'expliquer que par la haute intensité de l'action du climat, jointe à quelque cause accidentelle, telles que le défaut de vêtemens serrés, etc.

C'est sans doute la laideur hideuse de ces objets, dans leur décrépitude, et l'effet du temps si rapidement destructeur de la jeunesse et de la beauté, qui font confondre, dans le langage des Antilles, l'expression par laquelle on peint la difformité et celle qui rappelle la vieillesse. On ne dit point dans l'Archipel: un vilain nègre, un chien hideux ; on dit communément : un vieux nègre et un vieux chien.

Une singulière asthénie s'étend sur la plupart des fonctions du système générateur : elle est le principe de cette foule de maux qui affligent les femmes de l'Archipel, de cette multitude d'avortemens qui en sont les causes et les effets, de cette étonnante facilité des accouchemens, et de tous les dangers qui les accompagnent. Suivant le rapport de *Garcilasso*, avant l'arrivée des Espagnols au Pérou, jamais, dans cette contrée, on n'avait entendu parler de femmes ou d'hommes qui fissent les fonctions d'accoucheurs ; il en était ainsi dans la Grèce, dont le climat ne laissait aux femmes qui assistaient aux enfantemens, que le soin duquel elles avaient reçu le nom d'*Omphalotro-pos*, c'est-à-dire, coupeuses de nombril. Aux An-tilles, cette opération est également presque la seule qui soit à faire dans l'accouchement des femmes afri-caines ; encore est-elle abandonnée à des mains inha-biles ; et soit par des causes qui ne lui sont pas étran-gères, soit par l'effet d'autres circonstances inobser-vées, une foule d'enfans des deux sexes ont des her-nies ombilicales dont l'énorme développement forme une sorte d'appendice difforme et monstrueux du ventre.

Si, comme je le crois, le type primitif des diffé-rentes races de l'espèce humaine n'est pas l'effet de l'action des climats, on ne peut cependant se refuser à croire que leur influence n'exerce des modifications remarquables dans les caractères de chacune de ces races. C'est ainsi que l'ampleur des lèvres, qu'on sait appartenir par leur origine aux nègres et aux gens de couleur des Antilles, semble augmentée par la consti-tution chaude et humide de l'atmosphère de ces îles, qui détruit la force contractile du tissu cellulaire. Tous les organes, dont les fibres ont le plus de susceptibi-lité, éprouvent un relâchement semblable ; il s'étend depuis les hommes jusqu'aux grands quadrupèdes, sur lesquels on peut faire aujourd'hui la même observation que fit *Pierre d'Angleria*, l'un des compagnons de *Christophe Colomb*, qui, lors de la découverte de l'Archipel américain, fut frappé de la longueur du scro-tum des aborigènes.

3..

Dans l'autre sexe, une expansion analogue (1) rappelle que l'antiquité attribuait, par une opinion commune, cette conformation particulière aux femmes de la Grèce qui, ainsi que les Africaines des Antilles, étaient adonnées à certaine perversion du penchant qu'inspire la nature.

On sait en effet que dans l'espèce humaine et dans la plupart des animaux les affections habituelles de l'ame ou du principe du sentiment, portent l'empreinte des modifications que produit la structure des organes (2). Les mêmes causes avaient les mêmes effets sur les femmes indigènes de l'Archipel, qui, lors de sa découverte, s'abandonnaient à cet égarement, si l'on en croit le témoignage d'*Oviedo*, que paraît adopter le père *Charlevoix*, dans son Histoire de Saint-Domingue (3).

Les altérations que le système générateur éprouve dans ses fonctions, sont bien plus remarquables et bien plus importantes que celles qu'on peut observer dans son organisation extérieure. Il paraît qu'il faut leur attribuer l'origine de ces Albinos, de ces êtres bizarres que l'Europe a crus long-temps être une variété de l'espèce humaine, dont ils ne sont qu'une dégénération pathologique. A la Martinique, il ne s'en est offert que quatre à mon obser-

---

(1) Celle de l'*œstrum Veneris*.

(2) *Barthez.*

(3) Tome I, p. 37.

vation, mais peut-être en existait-il un plus grand nombre. Ils appartenaient à trois familles différentes, demeurant dans des habitations très-distantes, et dont les localités n'avaient rien de semblables ; comme les crétins des Alpes, ils étaient tous dans une caducité prématurée, et leur intelligence paraissait très-bornée ; leur vue était faible, leurs yeux rouges, leurs cils rares et leurs cheveux absolument blancs. Leur peau était de la même couleur, quoiqu'ils dussent l'avoir noire ou cuivrée, comme les nègres et les mulâtres qui leur avaient donné le jour ; néanmoins la nuance qu'elle offrait n'avait aucun rapport avec celle de la peau des Européens ; c'était un blanc mat, presque livide, qui ressemblait à la décoloration des cadavres, et dont la vue inspirait une sorte de répugnance.

Je ne chercherai point quelles sont les causes immédiates de ce phénomène, non plus que de la disproportion qui existe dans le nombre des naissances entre les hommes et les femmes, quelles que soient les races auxquelles ils appartiennent originairement. Je remarquerai seulement que l'influence directe de la constitution chaude et humide de l'atmosphère, atténue la puissance de la reproduction dans tout le règne animal, excepté dans les reptiles et les insectes, et qu'elle agit au plus haut degré sur l'espèce humaine. *Buffon*, dont les vues profondes ont souvent atteint les secrets de la nature, observant que l'énervation qui résulte de cette constitution, affaiblit particulièrement le penchant aux plaisirs de l'amour, en conclut que l'altération de cette disposition naturelle à laquelle sont liés tous les sentimens expansifs, suffit pour changer l'ordre des rapports sociaux, arrêter les progrès de la civilisation et empêcher le développement des facultés individuelles.

Ce sont sur-tout les femmes qui sont soumises à l'influence de cette constitution, dont la puissance est augmentée par les mœurs et par les usages ; l'oisiveté, une vie sédentaire, le défaut d'exercice, un sommeil excessivement long, des alimens rarement tirés du règne animal, donnent à leur tempérament primitif le plus haut degré d'intensité ; delà provient cette laxité du tissu cellulaire, qui les livre à toutes les maladies qui ont pour origine les perturbations atmosphériques ; cependant cette espèce de concordance entre leur constitution et celle du climat leur donne, sur les hommes, l'avantage d'une vie moins incertaine ; mais elles l'achètent cruellement par cette foule d'affections graves et douloureuses dont elles sont sans cesse tourmentées. On doit compter au premier rang les irrégularités du flux menstruel. L'embarras habituel des viscères rend presque toujours critiques les époques de cette secrétion, et il devient souvent l'origine de ces maladies funestes qui, telles que la cachexie, l'ulcère, le squirrhe, le cancer de l'utérus, terminent tôt ou tard les jours de celles dont elles ont empoisonné l'existence.

Le desir de s'affranchir de tant de maux en a produit un de plus, qu'on doit compter parmi ceux qui ne sont pas les moins dangereux ; c'est cette manie des médicamens qu'on peut placer par ses ravages au nombre des épidémies de l'Archipel. Pour résister à la

guerre opiniâtre que le climat fait à l'espèce humaine,
on a imaginé une multitude de remèdes, de recettes,
d'antidotes, de panacées, auxquelles souvent encore
on joint la vertu surnaturelle de certains talismans,
dans la persuasion qu'on ne peut échapper sans des
secours magiques aux maladies meurtrières dont on est
menacé.

C'est sous un autre ciel que l'homme arrivant lentement à l'apogée de son existence physique et morale,
y reste quelque temps stationnaire avant que de descendre vers la vieillesse. Sous la zone torride, la dessication prématurée des fibres, la concentration des
forces vitales dans l'épigastre, la rigidité générale des
organes par l'exubérance anticipée du phosphate cal-
caire, annoncent que la caducité marche rapidement
sur les pas de la jeunesse, et que le flambeau de la vie,
dont la lueur vacille sans cesse, se consume promptement.

C'est sans doute, si l'on peut s'exprimer ainsi, cette
vélocité de l'existence qui avait fait naître parmi les
anciens habitans des Antilles, cette folle idée d'une
fontaine dont l'eau rajeunissait ceux assez heureux pour
pour pouvoir en boire. Ce conte caraïbe était répandu
dans tout l'Archipel, et les Espagnols y ajoutèrent une
telle foi, qu'en 1512 ce fut pour trouver cette eau
merveilleuse que *Ponce de Léon* entreprit le voyage
dans lequel il découvrit la Floride.

Il est vrai pourtant que si la jeunesse est rapide et si
la décrépitude devance la vieillesse, la vie, lorsque sa
durée se prolonge au-delà d'un certain terme, n'est

pas d'une moindre étendue. Toujours prête à s'éteindre pendant l'enfance, toujours incertaine pendant l'âge de la vigueur, elle semble plus assurée lorsqu'elle est privée de ce qui la rend un bien. Celui qui a traversé la foule des calamités américaines et qui atteint un âge avancé, peut espérer ou craindre une longue carrière. Le vieillard européen n'éprouve point toutefois cette tardive bénignité du climat ; il faut, pour en être l'objet, avoir vécu sans passions et sans travaux dans toute l'incurie tropicale. C'est alors seulement que la nature étonnée accorde une vie dont la longueur n'est point proportionnée à celle de l'accroissement du corps. C'est alors que l'existence de chaque individu semblable en tout au climat, qui n'a que deux saisons, n'offre également comme chaque année, sous la zone équatoriale, que deux longues périodes, l'enfance et la vieillesse.

7.º *De l'humidité atmosphérique.*

Quelque ardente que paraisse à l'Européen la température des Antilles, elle l'est beaucoup moins que celle des contrées de l'Afrique situées sous le même parallèle. Si on ajoute foi à l'exactitude des observations météorologiques de *Golbery*, faites en 1787 à Saint-Louis du Sénégal et au fort James de la Gambie, qui gisent, l'un par le 13º 53' de latitude boréale, et l'autre par le 12º, les limites de la chaleur sont dans ces deux établissemens le 18º et le 33º ½ de *R.* — 73º et 107º de *F.* ; ce qui comparé avec l'échelle de la température à la Martinique, où le mercure du thermomètre ne s'abaisse point au - dessous du 16°½ de *R.* — 69° de *F.*, et ne s'élève point au-dessus du 28° — 95°, donne une différence d'un degré ½ pour le terme le plus bas de la chaleur, et de 5° ¼ pour le terme le plus élevé.

Cette différence de 6° ¾, toute considérable qu'elle est, ne se rapporte point à celle qu'a supposée l'auteur des *Recherches Philosophiques sur les Américains*, et qu'il évalue dans cet ouvrage, égale à l'effet produit par une différence de latitude de 12°.

L'abaissement de la température de l'hémisphère occidental, quelle qu'en soit rigoureusement la quantité, résulte évidemment, aux Antilles, de l'excès de l'humidité atmosphérique. Cette humidité a pour causes :

1.° La situation hydrographique de ces îles au milieu d'une vaste mer, dont l'évaporation est journellement de plus de 33 millions de tonnes d'eau par degré carré ;

2.° La proximité à laquelle sont les unes des autres les soixante îles de l'Archipel, qui forment une chaîne dans un espace de 200 lieues, et coupent à angle droit la ligne de direction des vents dominans ;

3.° L'étendue du massif minéralogique de ces îles, qui est assez considérable pour leur permettre d'exercer sur l'atmosphère une influence que ne peuvent avoir les terres insulaires très-circonscrites et entièrement isolées, comme Sainte-Hélène, l'Ascension et l'île de Pâques ;

4.° Les variations que de grandes causes astronomiques et géologiques font éprouver annuellement aux vents dans leur direction, et d'où il résulte que des courans opposés et d'une intensité de chaleur dif-. férente venant à se rencontrer fréquemment, sur- tout pendant l'hivernage, la tendance du calorique à se mettre en équilibre produit un dégagement qui laisse les vapeurs se condenser en nuages épais et pluvieux;

5.º L'élévation des montagnes de ces îles, dont les sommets se projettent de 3 à 400 toises au-dessus de la région des nuages, qui pendant la saison humide commence sous le 14.ᵉ parallèle, à moins de 2,000 pieds au-dessus du niveau de la mer;

6.º La structure conoïde ou pyramidale de ces montagnes, qui semble augmenter leur action sur les nuées électriques;

7.º Et enfin, les bois qui les couvrent, depuis leur base jusqu'à leur cime aiguë, et qui, absorbant le calorique sans le réfléchir, comme les sables et les rochers du rivage, et les terrains dépouillés de la région des cultures, ont pour propriété de condenser les vapeurs atmosphériques par l'effet d'un abaisse- ment local de la température.

Il est difficile de déterminer d'une manière positive quelle est la quantité des vapeurs en solution dans la couche inférieure de l'air. Cependant, j'ai expéri- menté, au moyen de l'hygromètre de *Lambert*, dont le premier terme exprime l'humidité radicale, et le dernier une sécheresse absolue, qu'au Fort-Royal, très-souvent dans l'hivernage de 1808 la saturation de l'atmosphère était telle, que pendant cinq à six jours cet instrument demeurait stationnaire au premier degré. L'eau, dont il indiquait alors la présence dans l'air ambiant, était égale en quantité à celle qui s'échappe sous la forme de vapeurs, d'un vase où, après avoir été soumise à l'ébullition, elle commence à atteindre, dans son refroidissement, le 29° *Réaumurien*, qu'on peut considérer comme le *médium* de la chaleur solaire à la Martinique.

Ces expériences étaient faites sur la côte occidentale de l'île, quelques pieds seulement au-dessus de l'Océan, dans un lieu ouvert et aéré, qui n'était soumis à aucune influence locale. Il est hors de doute qu'on aurait des résultats semblables, mais presque permanens dans les diverses parties des Antilles, dont le sol d'alluvion est encore à moitié inondé. Pendant toute l'année, ces terres nouvelles sont couvertes le soir et le matin d'un brouillard épais et délétère, que les premiers colons nommèrent, à cause de ses effets, le drap mortuaire des Savanes.

Dans les parties calcaires et volcaniques de l'Archipel, l'humidité est moins grande et son influence moins pernicieuse ; cependant, elle est telle encore que le même instrument étant exposé nuit et jour à l'air libre, mais à l'abri de l'eau des pluies, n'a jamais donné, au Fort-Royal, dans le cours de deux années entières, qu'une indication au-dessous du 69°.

A la Guadeloupe, l'hygromètre de *Saussure* a offert des résultats analogues. Dans le cours de cinq ans, il a donné, pour termes extrêmes et opposés , le 97° et le 61°, ce qui fixe le 86.ᵉ pour le terme moyen de l'humidité dans cette Ile.

C'est à l'immense évaporation de l'Atlantique équatoriale dont les produits sont poussés par les brises vers les montagnes hautes et boiseuses du centre des Antilles qu'il faut attribuer cette humidité extraordinaire. On sait que l'eau contenant une quantité de sel marin égale à celle de l'eau de mer, et exposée à un degré de chaleur pareil à celui de nos étés, ce qui est à-peu-près la température moyenne de l'Archipel, perd par l'évaporation la 60.ᵉ partie d'un pouce en deux heures ; ainsi l'Océan perd entre les tropiques une superficie d'un 10.ᵉ de pouce en douze heures ; et quoiqu'il paraisse par les expériences de *Halley* et de *Richeman*, que plus l'eau est profonde, plus est grande la quantité de vapeurs, il résulte de ces calculs approximatifs qu'une surface carrée de dix pouces perd au moins tous les jours un pouce cubique d'eau, et qu'un degré carré en perd plus de trente-trois millions de tonnes.

On peut imaginer d'après ces données générales et d'après diverses expériences qui semblent prouver que chaque pouce cube d'eau produit un pied cube de vapeurs, combien l'application de la chaleur solaire à la surface de l'Atlantique équatoriale rend son évaporation considérable, et combien l'humidité dont elle sature l'air doit être grande dans les îles de l'Archipel américain. Pendant tout l'hivernage, et même long-temps après, l'atmosphère est sans cesse chargée des vapeurs qu'elle produit, et qui sont toujours prêtes à se réunir. On les voit apparaître sous la forme d'un brouillard léger et blanchâtre, qui donne sa teinte uniforme à tous les objets, borne l'espace à des distances rapprochées, ternit la perspective aérienne, et efface sur-tout cette bande azurée qui orne l'horison lointain de l'Océan sous la zone tempérée ; la condensation de ce brouillard, dans la moyenne région de l'air, donne naissance à des nuages teints d'une couleur unique, par la pénétration uniforme de la vive lumière du soleil au zénith. Leur gris monotone est également la nuance des eaux de la mer entre les tropiques, et il n'y a pour ainsi dire point d'autres variations que celles du degré d'intensité. Le bleu indigo qu'on croit être la couleur de l'Océan, ne s'offre presque jamais à la vue dans l'Atlantique équatoriale, ou du moins sous des nuances aussi prononcées que dans les mers qui environnent l'Europe. La perpendicularité des rayons du soleil produisant, selon toute vraisemblance, une plus grande pénétration de la lumière, il en résulte un mélange de blanc plus ou moins abondant, suivant que cette pénétration est plus ou moins favorisée par les circonstances. C'est sans doute à cette cause qu'appartient la couleur pâle et blanchâtre de la mer, au milieu de laquelle s'élève l'Archipel ; et c'est à l'affaiblissement de l'azur des flots qu'il faut attribuer le défaut de ces nuances d'un beau verd qu'on remarque près du rivage de l'Océan boréal. Cependant la profondeur des eaux au pied des côtes, la couleur rembrunie des rochers basaltiques, et l'absence de ces fucus qu'on voit pulluler sur le littoral des mers européennes, concourent peut-être à empêcher aux Antilles qu'aucune nuance de jaune ne fasse naître, par son mélange avec la couleur bleue des flots, ce verd glauque dont ils se teignent ordinairement près des rivages.

On ne peut sans l'avoir vue peindre la perspective aérienne de la zone torride ; non-seulement les tons sont différens, mais tous ces nuages épars, errans sur le fond appâli du ciel équatorial, sont étrangers, par leurs formes et par leurs mouvemens, à ce qu'offre ordinairement aux regards la moyenne région de l'air au-delà des tropiques. Soumis, dans les Indes occidentales, aux vents alisés, dont les courans supérieurs ont une très-grande vélocité, ils se meuvent presque sans cesse avec une rapidité singulière. On les voit s'avancer vers l'occident sous la forme de vastes taches isolées, irrégulières en leur limbe de tout autre côté que de celui d'où vient la brise qui les chasse devant elle sur une ligne droite ; l'indication que donne cette ligne fait connaître avec précision la direction du vent dans les couches les plus élevées de l'atmosphère.

Au lieu de cet aspect, le ciel du midi de l'Europe montre, à moins d'un orage, des nuages souvent stationnaires, nuancés vivement et avec une agréable variété ; ils divisent l'horizon en longues zones rubanées, ou s'accumulent en flocons nombreux et uniformes, qui font ressortir par leur blancheur argentée l'azur des airs, dont l'océan réfléchit la couleur brillante. Ce ne sont point ici les teintes douteuses ou maculées du ciel équatorial, ni les nuées épaisses, sombres et menaçantes qui couvrent de leur ombre l'Angleterre septentrionale ; ce sont des jeux multipliés de la lumière frappant les vapeurs atmosphériques sous une foule d'angles différens, d'où résultent d'innomblables variétés.

Quoique ces beautés soient étrangères au ciel des Antilles, et quoique la transparence de l'atmosphère de ces îles soit fréquemment altérée par l'évaporation de l'Atlantique et par la transpiration des forêts, ce serait une erreur de croire que le voile diaphane dont les objets sont enveloppés, ressemble aux brouillards qui s'élèvent de la terre dans quelques contrées. Ici c'est une brume grossière qui souille les vêtemens, obscurcit le ciel, rembrunit l'horizon, dérobe à la vue l'aspect des campagnes, et répand dans l'air une odeur infecte avec l'humidité la plus mal-saine. Là c'est une vapeur légère et comme éthérée, qui ne laisse après elle aucune trace, et qu'on ne peut distinguer à moins que les regards n'embrassent un vaste espace. On la voit alors étendue sur tous les objets lointains, adoucissant les rayons lumineux qui les éclairent, diminuant l'effet pittoresque de la diversité de leurs plans, mais respectant la vérité de leurs contours; et jetant seulement dans l'air une teinte blanchâtre qui atténue les nuances de la perspective et semble en reculer les limites, alors même qu'elle les restreint (1).

––––––––––––

(1) Ces observations ont été faites en Amérique, en Angleterre, et dans le cours de six traversées transatlantiques; elles ont été écrites sous l'influence produite par la présence des objets, et pour ainsi dire d'après nature.

Cette vapeur se condense, dans la région moyenne de l'atmosphère, par les variations de la température; elle forme pendant l'hivernage ces nuées d'où s'échappent des pluies subites et diluviales qu'on ne peut comparer sous aucun rapport à celles de l'Europe. L'horizon ne les annonce qu'un moment avant celui où elles commencent à tomber; mais l'aspect qu'il présente alors ne laisse aucun doute sur leur chûte prochaine; dès que l'action de la chaleur solaire a élevé une quantité suffisante de vapeurs, ou bien que celles poussées par les vents se sont condensées par un abaissement local de la température, le nuage se forme, il est chassé par la brise, il s'avance vers les hauts sommets des montagnes; tout-à-coup il crève sur les forêts, des torrens d'eau se précipitent impétueusement à travers l'atmosphère, et cependant, à quelques toises du limbe de la nue orageuse, il n'en tombe pas une goutte. Un instant après le temps redevient beau, le soleil luit avec une nouvelle ardeur, et ses rayons élèvent encore, vers les couches supérieures de l'air, l'eau vaporisée qui vient d'en être versée avec tant de rapidité et de violence. Ces ondées qu'aux Antilles on appelle *grains*, ne sont point comme les pluies fines et tamisées qui fécondent les campagne de la zone tempérée; ce sont de vastes nappes d'eau qui se divisent à peine en tombant, ce qu'il faut attribuer au défaut de résistance de l'air raréfié par la chaleur du climat. Les gouttes de pluie sont si extraordinairement larges qu'elles font, par leur chûte, le même bruit que la grêle, et que les européens y sont d'abord trompés.

C'est probablement de quelques méprises de ce genre que provient la tradition populaire recueillie par *Chanvalon*. Cet auteur assure que trente ans avant l'époque à laquelle il écrivait ses observations (1751), il y eut un orage accompagné de grêle ; mais ce fait, qui n'est confirmé par aucun autre exemple, exigeait plus d'authenticité pour qu'on pût y ajouter foi. C'est vraisemblablement au mois d'avril 1806 que, pour la première fois, on vit à la Martinique, de l'eau en état de congélation : ce fut un navire américain qui, par suite d'une spéculation également hardie, heureuse et singulière, apporta au Fort-Royal une cargaison de glace, dont il trouva un débit aussi prompt qu'avantageux.

Une observation assidue, pendant les années 1807 et 1808, m'a fait connaître que, dans le cours de la première, il y eut dans la même ville.

29 jours de pluies diluviales ;

115, de pluies ordinaires ;

60 de ces pluies partielles nommées grains ;

En tout : 204 jours pluvieux.

En 1808, il y eut :

43 jours de pluies diluviales ;

93 de pluies ordinaires ;

77 de pluies partielles ;

Faisant ensemble 213 jours pluvieux.

Enfin, en 1816, il y eut 80 jours de pluie pendant les quatre premiers mois de l'année.

A la Guadeloupe, suivant l'observation de *Hapel-la-Chenaie*, il y eut :

4

En 1797, — 212 jours de pluie.

    1798, — 223.

    1799, — 189.

    1800, — 201.

    1802, — 169,

Ce qui donne 200 jours pour le terme moyen du nombre des jours de pluie de l'année commune, dans le quartier de Sainte-Rose, situé au nord de la Guadeloupe proprement dite.

En comparant ces observations à celles que j'ai faites, il paraît qu'il pleut plus souvent encore au Fort-Royal de la Martinique; cependant, et malgré la position topographique de cette ville, sous le vent des montagnes de l'île, il semble, si l'on ajoute foi à l'exactitude d'un journal météorologique manuscrit, cité par un voyageur célèbre (1), qu'à Brest, le nombre des jours pluvieux montant à 349, excède de beaucoup ceux qu'on vient de récapituler. Il en est ainsi, dans toute cette partie de l'Angleterre située entre la Manche et le canal de Bristol, dans une atmosphère réellement maritime. Néanmoins, il n'y a aucune comparaison entre la quantité de pluie qui y tombe annuellement et celle dont sont inondées les campagnes des Antilles; elle est portée, pour l'Archipel américain, à 106 pouces, dans l'ouvrage qu'on vient de citer, mais où l'auteur n'a point indiqué en quel lieu, quand et par qui ce résultat a été obtenu. On

____

(1) M. *de Volney*, Voy. aux Etats-Unis, p. 239 de la trad. angl.

trouve dans un mémoire imprimé en 1803 et relatif à l'exploitation des sucreries, qu'en 1784, la hauteur de la pluie tombée à Sainte-Marie, bourg situé sur la côte orientale de la Guadeloupe, fut de 48 pouces 11 lignes; et qu'en 1785, elle fut de 51 pouces 7 lignes. Le médecin *Cassan*, qui a fait des observations au Morne-Fortuné, environ à 140 toises au-dessus du niveau de la mer, évalue la pluie de chaque jour, à Sainte-Lucie, à une ligne $\frac{5}{6}$, ce qui ne diffère pas beaucoup du résultat précédent. M. *Doxion Lavaysse* porte à 70 pouces la hauteur de la pluie tombant annuellement dans l'île de la Trinitad; et il fixe à 62 pouces celle appartenant exclusivement à l'hivernage. Les expériences de *Hapel-la-Chenaie*, faites pendant cinq années consécutives au bourg de Sainte-Rose de la Guadeloupe, donnent un terme moyen encore plus considérable. Selon cet observateur, la hauteur de la pluie fut dans cette île :

En   1797, de 77 pouces 11 lignes.
     1798, — 91 ——— 3.
     1799, — 75 ——— 11.
     1800, — 83 ——— 5.
     1801, — 71 ——— 2.

Terme moy. 79 pouces 9 lignes.

Chanvalon expérimenta à la Martinique, en 1751, que la hauteur de la pluie tombée pendant les mois de juillet, août, septembre, octobre, novembre et décembre, fut de 23 pouces 6 lignes. Il remarque que, pendant cet espace de six mois, il se passa à peine 20 jours sans pluie, et il y a tout lieu de croire que, quoique la quantité qu'il dit être tombée pendant ce temps, soit presque dans la proportion de 4 à 3, avec celle tombant en France pendant l'année toute entière (1), ses expériences furent néanmoins incomplètes et faites avec peu de soins, ou dans un emplacement mal choisi. Il est en effet très-difficile de bien faire ces expériences dans un pays dont la structure géologique présente des localités multipliées qui ont une influence singulière sur l'état de l'atmosphère, et il est impossible d'accorder une grande confiance à leurs résultats lorsqu'on considère que la fréquence des pluies, la violence de leur chute et la rapidité de l'évaporation exigent un appareil compliqué, des soins minutieux et une persévérance plus rare sous la zone torride que par-tout ailleurs.

Si l'on en excepte les expériences de *Cassan*, toutes celles que je viens de rapporter ont été faites presqu'au niveau de la mer. Dans les montagnes, la pluie tombe avec une abondance bien plus grande encore; sa hauteur annuelle varie selon leur élévation, et dans celles de Saint-Domingue, elle est de 150 à à 350 pouces, selon *Barry de Saint-Venant* (p. 245).

---

(1) *Mariotte* évalue à 18 pouces la hauteur moyenne de la pluie tombant en France, année commune; à Londres elle est de 20 p.; et à Glascow en Ecosse, de 27 p. un quart.

8.º *Des effets de l'humidité atmosphérique.*

Lorsque par une observation attentive on cherche à comparer le degré de puissance qu'ont sur les corps organisés la chaleur et l'humidité du climat des Antilles, on reconnaît que les phénomènes les plus nombreux et les plus remarquables ont pour cause le dernier de ces deux grands agens.

S'il pouvait y avoir quelques analogies entre les contrées situées sous des climats différens, l'Archipel américain en présenterait sans doute bien plus avec les Iles Britanniques qu'avec l'Italie, et les effets de sa constitution atmosphérique auraient encore plus de points de rapprochement avec les pays froids et humides, qu'avec ceux où le sec est joint à la chaleur.

L'activité du règne végétal est l'un de ces effets les plus frappans de l'humidité du climat des Antilles ; elle est un des traits principaux de l'aspect de ces îles. Depuis le niveau de l'Atlantique équatoriale jusqu'au sommet des cônes volcaniques qui se perdent dans les nuages, toutes les surfaces, quelle que soit leur déclivité, sont couvertes d'une verdure éternelle. L'étendue de l'espace dérobe encore aux regards le plateau minéralogique de la Martinique et de la Guadeloupe qu'on découvre déja dans la haute région de l'atmosphère, les forêts bleuâtres qui couronnent leurs montagnes. Long-temps avant que le navigateur puisse voir le sol de la Barboude et de quelques autres des îles calcaires, il aperçoit leurs palmifères gigantesques qui semblent sortir de l'Océan (1). En s'approchant des rivages d'alluvions , on ne reconnaît les limites du domaine des mers , que par la lisière des bois immenses de palétuviers qui s'élèvent du sein des eaux (2). Des familles de plantes nombreuses et remarquables par leur structure singulière (3) croissent sur le tufa siliceux et aride , qui forme les rives occidentales des Antilles volcaniques ; il n'est pas jusqu'au basalte presqu'indestructible , d'où l'on voit s'élever des végétaux dont les racines sont implantées dans ses fissures parallélogrammatiques.

Cette richesse, ou pour mieux dire cette exubérance du règne végétal , est l'effet immédiat de l'humidité du climat. L'observateur n'a pas même besoin

---

(1) Le palmiste, *areca oleracea* , L.

Le dattier, *phenix dactilifera* , L.

Le cocotier , *cocos nucifera.*

Le grigri, *elaïs affinis*, Jacquin , etc.

(2) Le manglier , *Rhizophora mangle* , Persoon.

Les autres espèces arborescentes qui forment ces forêts inondées, sont :

Le palétuvier gris , *avicennia nitida* , *A. tomentosa,* L.

Le mangle gris, *conocarpus erecta* , L.

Le corossol des marais, *annona palustris* , L.

L'olivier sauvage, *bontia daphoïdes* , L. , etc.

(3) *Cactus melocactus* , Persoon.

C. *Tetragonus.*

C. *Pentagonus.*

C. *Opuntia* , etc.

de sortir de l'enceinte des villes, pour reconnaître cette constitution atmosphérique si redoutable à l'homme. Dans les jardins qui sont au milieu des cités, si le nombre des plantes, la singularité de leur port, la variété de leur feuillage, la beauté de leurs fleurs, l'arôme et la saveur de leurs produits attirent l'admiration du voyageur européen, peut-il oublier que les principes qui donnent à la végétation tant de vigueur et d'activité sont les mêmes qui font naître les épidémies américaines ? Ici l'art des arrosemens, le choix du sol et des expositions, la taille, la greffe et les engrais sont des procédés, sinon inconnus, du moins inusités ; l'incurie tropicale abandonne à la nature le soin de ses productions ; et tous ces végétaux divers, réunis dans un même lieu, prospèrent par l'unique protection du climat, presque sans aucun secours de la main des hommes.

Si les regards parcourent l'horizon des campagnes, c'est la canne à sucre, qui est un roseau des marais, qu'on voit couvrir, de ses fourrés épais, le sol de la région la moins élevée des Antilles. Au plus haut sommet des collines, la plante dont on distingue les dernières cultures, c'est le riz, cette graminée des bords inondés, qui trouve dans l'atmosphère de l'Archipel, l'eau que dans d'autres contrées ses racines demandent à la terre. Enfin, sur la cîme des montagnes sont des forèts entièrement formées de végétaux congénères de ceux qui, dans notre climat, n'habitent que les prairies humides ou le bord des eaux. Mais ici, ce ne sont point de faibles plantes herbacées, ce sont des monocotylédones (1) qui, en conservant l'organisation et le port de la classe dont elle font partie, atteignent la hauteur des espèces arborescentes. On ne peut, sans les avoir vues, se faire une juste idée de ces forêts aériennes qui s'élèvent sur les orles des anciens volcans, à 5,000 pieds au-dessus de l'Atlantique équatoriale, d'où se projettent les pyramides de porphyre dont elles occupent les sommets nébuleux. En herborisant dans ces lieux que je ne puis décrire, j'oubliais les dangers de la fièvre jaune, qui, seul de tous les miens, m'avait épargné; j'oubliais même la vipère fer-de-lance qui, dans ces fourrés inextricables, pouvait m'atteindre à chaque pas (2).

Quoiqu'il n'y ait aucune parité entre l'action que le climat exerce sur l'espèce humaine, et celle qu'il a sur le règne végétal, on peut cependant observer dans la constitution des habitans des Antilles, combien les effets de l'humidité atmosphérique l'emportent, par

---

(1) Notamment : *canna indica*, *C. angustifolia*, L.
Costus spicatus, Sw.
Alpinia racemosa, *A. occidentalis*.
Dracontium pertusum, L.
Caladium arborescens, Persoon.
Heliconia caribœa, *H. bihai*, etc., etc.

(2) Quelques fragmens de l'exploration géologique et botanique de ces hautes régions, ont été déja soumis, par l'auteur, à l'Académie Royale des Sciences de l'Institut, et à la Société Philomatique; ils sont accompagnés de cartes, vues et coupes orthographiques des volcans éteints de l'Archipel.

leur influence , sur ceux que produit la haute température de l'atmosphère. Tandis que les habitans des contrées de l'ancien monde situées sous une latitude cor-
respondante , éprouvent, avec l'excès de la débilité
des forces musculaires, la puissance de l'action du système nerveux , ceux de l'Archipel des Antilles soumis à
un climat différent , reçoivent de l'empire qu'il exerce
un tempérament éminemment lymphatique.

Les causes premières de cette constitution sont l'humidité atmosphérique produite par l'évaporation continuelle de l'Océan équatorial d'où s'élèvent les Antilles, par la transpiration des forêts qui couvrent les
montagnes, par les exhalaisons des marais où les végétaux infusés attendent le dernier degré de leur décomposition , par toutes les eaux extravasées qui saturent
l'air de gaz malfaisans , et rappellent au voyageur les
rives du Phase, si bien décrites par *Hippocrate*.

Les causes secondaires qui favorisent cette constitution , sont : un sommeil fréquent et prolongé , l'excès
de l'usage des bains , l'abus des boissons délayantes,
des alimens froids et pesans , sur-tout des farineux non-
fermentés, des fruits , des comestibles non-azotés ;
enfin l'inertie où l'ame est tenue habituellement , par
le défaut d'évènemens ou de travaux de l'esprit qui en-
tretiennent son activité.

Soumis également à toutes ces causes, les indigènes
de l'Archipel offraient depuis l'Orénoque jusqu'à Saint-
Domingue , la complexion qu'on observe actuellement
dans les habitans des Antilles, quelle que soit leur race
originaire. Un séjour humide , la respiration d'un air

marécageux, une nourriture presqu'entièrement végé-
tale , une vie sans activité morale., produisaient alors ,
comme à présent , une constitution lymphatique en
rapport direct avec celle du climat, et en opposition
avec celle des Asiatiques qui vivent dans les régions
brûlantes situées sous le prolongement oriental des
mêmes parallèles. Ces effets et leurs causes n'ont pu
être méconnus que parce que la physiologie n'a rien
encore recueilli d'exact et de positif sur l'influence du
climat de l'Archipel , et sur les changemens qu'il ap-
porte dans le degré de tension des solides , la consistance des fluides , leurs rapports et leur action récipro-
que générale et particulière. C'est sans doute à ce défaut
des documens qu'auraient dû fournir les voyageurs ,
qu'il faut attribuer les opinions conjecturales répandues
sur ce sujet. Telle est , par exemple , cette assertion
sur le tempérament des habitans des Antilles , qu'on a
prétendu être bilieux et sanguin. L'observation refute
complètement les preuves qu'on a voulu tirer de quelques faits , pour appuyer cette hypothèse. La nuance
jaune du teint des créoles , qu'on attribue à la prédomi-
nence de la bile , est simplement l'effet de l'action du
soleil sur l'épiderme ; et les individus qui ne sont point
exposés à cette action, par leur genre de vie , ont la
peau très-blanche, ce qu'on peut sur-tout remarquer
dans les femmes. C'est avec aussi peu de fondement
qu'on a prétendu que les Européens qui vont s'établir
entre les tropiques , étant sanguins et bilieux , leur pos-
térité doit participer à leur tempérament : comme si le
climat n'altérait pas d'abord , et bientôt ne détruisait

pas la constitution la plus énergique ; et comme s'il n'était pas prouvé par la grande mortalité des Européens qui arrivent aux Antilles que l'influence de ce ciel nouveau est tellement puissante qu'il faut ou mourir ou changer de constitution. La nature des maladies de l'Archipel n'est point la preuve du tempérament sanguin de ses habitans, puisque pour les faire naître, il suffit d'un état de pléthore relatif qui est étranger à cette même espèce de tempérament. La prédominance du système nerveux n'est pas mieux prouvée par les dispositions convulsives qu'on observe dans les affections pathologiques. La propriété d'une atmosphère chaude est bien de donner de la tension aux fibres, et de les rendre irritables ; mais l'union de l'humidité à la chaleur produit un effet contraire, et l'on doit attribuer ces crises spasmodiques à ce surcroît d'irritabilité qu'acquièrent par fois les tempéramens lymphatiques, et qui leur fait prendre l'apparence des tempéramens bilieux et mélancoliques. On sait que ces dispositions convulsives sont l'apanage de l'enfance, et cependant cet âge est celui où l'homme éprouve le moins l'empire du système nerveux. Il en est ainsi des femmes dont le tempérament est généralement lymphatique ; le genre d'irritabilité auquel elles sont soumises, paraît analogue à celui qu'on observe dans les dernières classes zoologiques ; ses crises ont lieu souvent sans la participation des causes morales, partant sans action de l'encéphale, et conséquemment, sans aucune influence du système nerveux, puisqu'il rapporte à ce centre commun tous les ébranlemens qu'il éprouve.

La constitution la plus générale parmi les individus blancs des deux sexes peut être exprimée par les termes suivans : débilité des systèmes moteur et sensitif, prédominance relative du système viscéral, défaut d'équilibre dans l'action des organes qui forment l'ensemble des fonctions vitales, tissu cellulaire lâche et médiocrement contractile, peau incolore, altérée fréquemment par des desquammations ; cheveux blonds, châtains ou cendrés, rarement bruns, presque jamais noirs, le plus souvent très-fournis et très-longs ; visage ovale, pommettes proéminentes, yeux bleus, grands et beaux, poitrine étroite, clavicules saillantes, mouvemens faciles, flexibilité étonnante des extrémités du corps, taille haute, droite et élancée.

Si l'on compare ces nuances légères aux grandes altérations qu'éprouvent les quadrupèdes de l'Europe, transportés aux Antilles, on trouve une preuve nouvelle de la résistance que l'espèce humaine oppose à l'action des climats. Cependant, il convient d'observer qu'ici, cette résistance est secondée :

1º. Par le peu d'antiquité des premiers établissemens des familles européennes dans les Antilles;

2º. Par l'introduction des usages, des coutumes et des mœurs de l'Europe ;

3º. Par la proscription que le climat semble faire de tous les individus dont la constitution vicieuse ou les habitudes intempérantes pourraient contribuer à la dégénération de la race européenne;

4º. Et enfin, par le nombre des filles qui, dans les

naissances, étant plus considérable que celui des garçons, donne lieu à des alliances avec les Européens, et conséquemment à un renouvellement perpétuel de la population blanche.

La réunion de toutes ces causes contribue puissamment à la conservation des caractères physiologiques de la race européenne sous un ciel si différent de celui où elle a pris son origine; et l'on peut dire avec exactitude que les effets qu'on observe sont seulement ceux de l'influence journalière et immédiate du climat.

Dans la généralité des nègres habitant les Antilles, et provenant directement ou originairement de la partie occidentale de l'Afrique, située sous la même latitude que l'Archipel, les caractères physiologiques peuvent être exprimés dans les termes suivans : constitution variée, lymphatique dans les nègres créoles, bilieuse dans les bossales ; puissance musculaire et sensitive très-bornée, angle facial singulièrement aigu, yeux noirs, grands et bien ouverts, nez épaté, narines larges, bouche béante, lèvres tombantes, épaisses, d'un rouge brun ou noirâtre, fendillées profondément, dents très-belles, front bas, figure ronde, cheveux lanugineux, courts et entortillés, barbe de même nature, rare, implantée par touffe comme les cheveux, peau noire, tirant, avec diverses variétés, sur le cuivré et le cendré, et offrant une teinte qui diffère selon les parties du corps, la manière de vivre des individus, et sur-tout l'état de leur santé.

Les principales modifications qu'éprouvent ces caractères, portent en général sur l'étendue du sinus de l'angle facial, la nuance du noir de la peau, la hauteur de la taille, la vigueur de la constitution et le défaut d'expression plus ou moins absolu de l'ensemble des traits. Leur degré d'intensité et leurs modifications varient par l'âge, le sexe, le tempérament, les travaux, le régime alimentaire, les mœurs des individus et principalement par l'influence de la situation topographique des îles qu'ils habitent et des contrées dont ils proviennent originairement.

9°. *Des vents dominans et de leurs effets sur les corps organisés.*

Quoique l'humidité de l'atmosphère des Antilles soit toujours très-grande, quels que soient les vents régnans, son intensité varie cependant d'après leur direction.

Le vent du *Nord* qui, en traversant l'Atlantique équatoriale, adoucit l'âpreté qu'il avait contractée sous les hautes latitudes, en conserve pourtant assez pour paraître sec et froid, quand il atteint les rivages de l'Archipel. Il souffle pendant les mois de novembre, décembre, janvier et février; il fait tomber quelquefois le mercure du thermomètre au 16° *Réaumurien*, 69° de *F.*, tandis qu'il fixe l'aiguille de l'hygromètre entre le 60.ᵉ et le 70.ᵉ degré pendant les heures de la journée où la brise produit, par sa force et sa vélocité, le dernier terme de la sécheresse relative du climat. Sa domination est marquée par des maladies qui, telles que les rhumes épidémiques, les coqueluches, les affections catarrhales et rhumatismales, se répandent uniquement parmi les nègres et les créoles, et ne s'étendent point jusqu'aux européens que le climat n'a pas encore adoptés : ceux-ci ne sont généralement soumis aux effets de cette constitution atmosphérique que lorsqu'ils commencent à cesser de craindre les dangers auxquels celle de l'hivernage les expose pendant les premières années de leur séjour aux Antilles.

Le vent du *Sud* est chaud et humide ; il souffle pendant les mois de juillet, août, septembre et octobre, mais avec moins de force et de continuité que ceux du nord et de l'est. Il fait monter le thermomètre au 28° de *R.*, 95° de *F.*, et cause presque toujours une telle abondance de vapeurs dans l'atmosphère que l'horizon demeure voilé par une sorte de brume, et que l'hygromètre reste stationnaire au terme de l'humidité radicale ou à peu de degrés au-dessus. Son influence est toujours dangereuse et maligne, ce qu'il faut attribuer sans doute à ce qu'il est chargé des exhalaisons des marais de Sainte-Lucie ou même de ceux que forment les eaux de l'Orénoque qui, à l'époque où il domine, s'élèvent de 39 à 41 pieds et inondent une étendue de pays de plus de 200 lieues de l'est à l'ouest (1). Comme le Khamsin de l'Egypte, qui ramène périodiquement la peste, il semble, à la Martinique et à la Guadeloupe, favoriser la propagation de la fièvre jaune ; et, pendant

---

(1) Voyez *Depons*, *Lareysse*, etc.

la funeste irruption de 1802, j'observai constamment que l'épidémie se répandait avec plus de force, et que ses ravages étaient plus affreux toutes les fois que le vent soufflait du Sud, ce qui arriva fréquemment.

Le vent d'*Est*, dont la domination a principalement pour époque les mois de mars, avril, mai et juin, participe généralement des propriétés du vent du nord dont il se rapproche plus ou moins par sa direction ; cependant, il souffle avec moins de force et de rapidité, et il n'est ni aussi sec ni aussi froid, quoiqu'en traversant l'Atlantique, il perde, avant d'atteindre le rivage des Antilles, une partie de la chaleur qu'il avait acquise par la réfraction des sables vitreux des déserts de l'Afrique. Dans ce passage, à travers une mer dont la largeur excède 1200 lieues, l'intensité de son calorique est continuellement atténuée ; car les eaux qui sont en contact avec ses courans inférieurs ne peuvent leur communiquer la chaleur qu'elles en ont reçue, puisque, cessant d'exister comme fluide aussitôt qu'elles ont atteint le degré de la vaporisation, elles laissent les eaux du fond se porter à leur place, à la superficie de l'Atlantique, et absorber une nouvelle quantité du calorique de l'atmosphère. Si l'on compare les observations météorologiques faites par *Golbery* dans les contrées de l'Afrique situées sous un parallèle identique, il en résulte que cette absorption, ou autrement la perte du calorique qu'éprouve le vent d'est en traversant l'Atlantique équatoriale, est de plus de six degrés *Réau-*

muriens. Pendant sa domination, le vent d'est établit dans l'Archipel une constitution tempérée rarement troublée par des perturbations atmosphériques ; c'est la plus favorable à la santé des créoles et des Européens acclimatés, à qui nuisent également les brises froides et carabinées du Nord, et les vents chauds et orageux du sud.

Le vent d'*Ouest* est celui de tous qui est le plus rare. Il est aussi le moins constant dans sa durée, et il est remarquable que dans ses variations, il s'éloigne toujours beaucoup plus du nord que du sud. Aussi participe-t-il dans ses propriétés, de celle des courans d'air provenant de ce dernier point de l'horizon. Comme eux il pousse vers les îles de l'Archipel une brume blanchâtre accompagnée d'une odeur de varec, et ses bourrasques orageuses sont aussi entrecoupées de calmes plats.

Il est essentiel d'observer que les périodes qu'on vient d'assigner à la domination des principaux vents peuvent être strictement réduites à deux. Pendant la première, qui forme ce qu'on appelle la saison sèche, et qui dure depuis le mois de novembre jusqu'à celui d'avril, les vents soufflent de l'hémisphère boréal, en passant successivement du nord vers l'est. Pendant la seconde, qui constitue la saison humide, et qui dure depuis le mois de mai jusqu'à celui d'octobre, les vents soufflent de l'hémisphère austral, et varient entre l'est et l'ouest en passant par le sud.

Les vents d'est, dont la domination s'étend sur l'une et l'autre saisons, soufflent pendant environ les trois quarts de l'année ; néanmoins ils ne règnent, avec constance dans l'atmosphère, que pendant les deux derniers mois de la première période et les deux premiers de la seconde. Ce sont eux qui portent le nom de vents alisés, et dont la cause doit être rangée, quoiqu'on en ait dit et écrit, parmi les questions de physique qui laissent le moins de certitude. La direction de leurs courans, qui parcourent avec quelque déviation des lignes parallèles à l'équateur, a fait penser à quelques physiciens que l'action astronomique qu'éprouve l'Océan, s'étendait également sur l'atmosphère ; d'*A-lembert* a appuyé cette opinion par de nombreux et savans calculs dans sa Dissertation qui, en 1746, remporta le prix proposé par l'Académie de Berlin. D'autres, considérant la régularité de ces vents et leur prodigieuse accélération qui leur fait parcourir 1800 pieds par minute, ont cru ne pouvoir trouver le moteur d'effets si puissans que dans le mouvement de rotation de la terre par lequel chacun des points situés sous l'équateur parcourt 238 toises par seconde. L'observation est loin de démontrer la certitude de ces conjectures ; une cause générale et permanente semble devoir produire des effets également permanens ; or, il est irréfragable que si les vents alisés varient moins que les autres, ils éprouvent cependant, outre une déviation qui dans la mer caraïbe gît entre le N. E. et l'E. N. E., de grandes et nombreuses irrégularités qu'on ne peut attribuer à la proximité des terres. On sait à ce sujet ce qui arriva au célèbre *La Pérouse* en novembre et décembre 1786, sur la mer la plus vaste du globe. L'Océan Atlantique ne fournit pas moins d'exemples qui

prouvent que souvent, pendant plusieurs mois consécutifs, les vents sont variables entre les tropiques,
même lorsqu'aucun relief ne peut produire de réac-
tion assez forte pour les faire dévier de leur direction
ordinaire. En 1814, pendant les mois de novembre et
décembre, précisément à l'époque à laquelle la domination des vents d'est est le mieux établie, les bâti-
mens français qui se rendaient aux colonies de la Martinique et de la Guadeloupe, trouvèrent constamment
des vents de l'hémisphère austral, et ce ne fut qu'à
l'attérage qu'ils rencontrèrent enfin les brises alisées.

Il est vraisemblable, mais cette opinion quoique généralement adoptée est pourtant susceptible d'objec-
tions, que le soleil en s'élevant sur l'horizon et répan-
dant une quantité de calorique qu'augmente la réfraction des terres insulaires et continentales, raréfie l'air
des couches inférieures de l'atmosphère, et lui permet,
en diminuant sa densité, de s'élever vers la région supérieure ; c'est delà qu'il se dirige vers le pôle, mu
par l'impulsion que lui donnent des contre-courans
plus frais, qui, partis des zones tempérées, affluent
en-dessous vers l'équateur pour remplir l'espèce de
vuide produit par cette dilatation. Ces courans éprouvent un accroissement progressif de force et de vélocité, depuis neuf à dix heures du matin, jusques vers
deux à trois heures après midi ; leur intensité de
force et de vitesse diminue ensuite à mesure que le
soleil s'abaisse vers l'horizon ; et les nuits ne sont trou-
blées que par quelques bourrasques qui ont leur cause
accidentelle dans la situation locale de l'atmosphère.

5..

On conçoit en effet que pendant l'absence du soleil, les parties intégrantes de l'air reprenant le pouvoir de se condenser , cette action qui est progressive, ne comporte guères de perturbations violentes , quoiqu'elles produisent fréquemment des pluies nocturnes abondantes , ou tout au moins une très-forte humidité.

10.° *De la Pression atmosphérique.*

Quoique le degré plus ou moins grand de cette humidité dépendent de la direction des vents , il n'en est cependant point des Antilles comme de la plupart des contrées continentales, où il ne tombe de pluie que lorsque les courans d'air viennent de certains points de l'horizon, qui sont en général presque toujours les mêmes. A la Martinique, ainsi qu'en Angleterre , et vraisemblablement dans toutes les îles qui, par l'élévation de leur massif minéralogique, ou par son étendue, exercent quelque influence sur l'atmosphère , il pleut, quel que soit le vent régnant. Il y a lieu de penser que l'excessive humidité qui résulte de cette influence et cet état de saturation dans lequel est presque continuellement l'atmosphère de l'Archipel , rendent beaucoup moindre que dans nos climats la pesanteur spécifique de l'air , et conséquemment sa pression. *Saussure* a reconnu que la présence de l'eau, qui est passée à l'état vaporeux, augmente l'élasticité de l'air ; et que, par exemple, à une température de 15° *Réaumuriens* , la quantité de vapeurs capable de saturer l'air atmosphérique, lui fait soutenir une pression de 27 pouces 6 lignes de mercure, au lieu de 27 pouces auxquels il faisait auparavant équilibre. Les expériences intéressantes qui ont donné ces résultats, d'où il faut conclure qu'une atmosphère sèche est plus pesante qu'une atmosphère humide, mériteraient d'être tentées aux Antilles, et produiraient sans doute des observations aussi précieuses pour les progrès de la science en général, que pour ses applications les plus utiles. En attendant qu'à l'imitation des explorateurs savans et justement célèbres de l'Egypte et de l'Amérique méridionale, ceux qui parcourent des contrées éloignées donnent au lieu des circonstances oiseuses ou romanesques de leurs voyages, des résultats positifs tirés d'expériences multipliées et faites avec soin, on peut assurer ici que les hauteurs du baromètre, observées pendant près de trois ans au Fort-Royal de la Martinique, concourent à confirmer les inductions de *Saussure* sur la diminution de pression et l'accroissement d'élasticité que reçoit l'air atmosphérique, par l'effet des vapeurs dont il est saturé.

Un baromètre dont le tube avait été chauffé, et dont le mercure ayant une hauteur de 28 pouces 2 lignes au-dessus des eaux moyennes de la baie du Fort-Royal, avait été purifié au feu afin d'en chasser l'air totalement, ce à quoi j'avais réussi, puisque l'extrémité supérieure de la colonne qu'il formait présentait une forme convexe quand il était ascendant, n'a jamais excédé 28 pouces 4 lignes, dans le *maximum* de son élévation pendant les années 1807 et 1808, et quoiqu'il fut suspendu à quelques pieds seulement au-dessus du niveau de la mer. Son *minimum* fut, dans le cours de cette période, de 27 pouces 10 lignes et demie, ce qui donne seulement une différence de 5 lig. et demie entre sa moindre et sa plus grande hauteur. Cette variation est presque la même que celle qu'on trouve portée dans un Mémoire imprimé en 1797 à la Guadeloupe, et où il est dit que dans cette île l'échelle que parcourt le mercure du baromètre est de cinq lignes.

J'ai expérimenté, contradictoirement à une assertion qu'on trouve dans ce mémoire, où il est avancé que les indications barométriques sont sans rapport avec l'état du temps :

1.° Que la colonne de mercure s'abaisse pendant la pluie, d'une quantité qui varie de deux à trois lignes au plus.

2.° Qu'elle est ascendante aussitôt que la pluie a cessé, et qu'alors la surface de son extrémité supérieure devient convexe.

3.° Qu'elle éprouve aux approches de l'ouragan une dépression subite et considérable, la plus grande qui ait lieu entre les tropiques.

4.° Que loin d'être stationnaire, comme quelques personnes l'ont présumé, en observant négligemment la courte échelle qu'elle parcourt, elle est soumise à des variations qui paraissent régulières et périodiques. Chaque jour, depuis neuf heures du matin jusqu'à deux heures, elle s'abaisse d'une quantité dont le *maximum* est d'environ deux lignes ; l'après-midi, elle remonte jusques vers le soir ; alors elle commence à descendre de nouveau, et elle éprouve vers la fin de la nuit une ascension qui se prolonge long-temps près le lever du soleil.

Ces phases sont précisément inverses de celles qui semblent avoir lieu dans le Midi de la France, où *Duc-la-Chapelle* a observé que le baromètre se trouve ascendant à sept heures du matin, descendant à deux heures et demie de l'après-midi, et ascendant vers dix ou onze heures dn soir. — Elles diffèrent aussi d'époques avec celles qu'éprouve l'atmosphère de l'Amérique méridionale, où, d'après M. le Baron *de Humboldt*, le mercure descend depuis neuf heures du matin jusqu'à quatre heures du soir, monte depuis quatre heures jusqu'à onze heures, descend depuis onze heures jusqu'à quatre heures trente minutes du matin, et remonte enfin depuis quatre heures trente minutes jusqu'à neuf heures.

En comparant avec les variations du baromètre dans l'Archipel, où elles se bornent à 5 lignes ou 5 lignes et demi (1), celles qu'il éprouve à Pétersbourg, où elles s'étendent jusqu'à 3 pouces $\frac{31}{100}$; et à Paris, où elles sont au moins égales à deux, on obtient pour résultat la différence de pression de l'atmosphère de ces divers lieux. Cette différence, qui doit être l'origine d'une foule de phénomènes physiques, n'est pas seulement prouvée aux Antilles par la stagnation et le peu de hauteur du mercure du baromètre, elle l'est encore par l'inertie des marées. Leur élévation ordinaire n'excède pas 15 à

------

(1) A. Saint-Domingue, d'après l'observation de mon respectable ami *Moreau-Saint-Merry*, l'échelle que parcourt la colonne barométrique est de cinq lignes. — T. I, p. 522.

18 pouces ; elle se réduit même à moins à l'époque des solstices , et pendant les équinoxes elle est tout au plus de 3 pieds.

11.° *Des raz-de-marée , des tremblemens de terre et de l'ouragan.*

Les eaux de l'Atlantique ne restent cependant pas immuablement renfermées dans leurs limites ; elles en sortent quelquefois , et causent des inondations désastreuses en s'élevant à une hauteur considérable. On désigne aux Antilles, sous le nom de raz-de-marée , cette agitation des flots , cette impulsion qui les pousse vers le rivage, enfin cette sorte de tempête sourde, quoique violente, qui semble indépendante des vents , du moins dans les lieux où elle exerce ses ravages, et où la tranquillité de l'atmosphère contraste assez ordinairement avec la fureur de l'Océan. — L'élévation des eaux, et leur force d'impulsion qui , entraînant les navires , malgré toutes leurs ancres et la bonté des mouillages , les jettent sur les rochers de la côte , paraît être l'effet d'une pression atmosphérique qu'on attribue vulgairement à l'action de la lune , d'après quelques rapports de temps dont la certitude a besoin d'être constatée. Il ne se passe point d'années qu'il n'y ait plusieurs de ces espèces de tempêtes , principalement dans la saison de l'hivernage.

Quoique les raz-de-marée aient souvent lieu pendant un temps calme , il arrive plus fréquemment qu'ils accompagnent les orages , les coups de vents , et ces tempêtes redoutables qu'on nomme ouragans , et qui sont rangés justement parmi les plus affreuses calamités des Antilles. Tout ce que la nature a de phénomènes effrayans et destructeurs, se réunit pour former ce terrible fléau. L'obscurité la plus profonde se répand sur l'horizon, et voile la clarté du jour. Les vents qui soufflent de toutes parts renversent les édifices, déracinent les arbres, arrachent les moissons, et font succéder en un instant la désolation à la fertilité, et la famine à l'abondance. Les rivières grossies par des pluies diluviales, descendent des montagnes, comme des cataractes, et couvrent les campagnes de leurs eaux; l'Atlantique, dont les vagues battent avec fureur les rochers des rivages, s'élève et semble près d'engloutir les îles qui se sont jadis élancées de son sein. Au milieu de ces désastres, les oscillations du sol annoncent presque toujours, dans ces momens d'effroi, que les feux souterrains qui ont projeté l'Archipel, conservent encore, dans les cavernes de sa base, leur redoutable activité.

Le souvenir de l'éruption récente qui a eu lieu à Saint-Vincent, et le désastre de Cumana, renversé de fond en comble par le tremblement de terre de 1812, ajoutent à l'épouvante que répand ce dernier phénomène dans les Antilles; cependant à la Martinique et à la Guadeloupe, il se réduit ordinairement à une ou deux secousses dont souvent on ne s'aperçoit que par le bruit que font dans l'intérieur des maisons les choses mal-assujetties. On cite néanmoins quelques tremblemens de terre qui, de nos jours, ont lézardé des murs, abattu des cheminées, ou fait rouler dans les vallons d'énormes blocs de basaltes suspendus sur le versant des collines, ou au sommet des escarpemens des rivages. Ces effets bornés ne rassurent point les habitans de l'Archipel, dont l'effroi est entretenu par la tradition des désastres du Port-Royal de la Jamaïque, du Port-au-Prince de Saint-Domingue, et par le récit des événemens contemporains arrivés à Cumana, en 1797 et en 1812.

On assure que la corrélation qu'on observe fréquemment dans les tremblemens de terre des diverses parties de l'Archipel, s'étend d'un côté à la Terre-Ferme, et de l'autre aux Etats-Unis ; et M. *de Volney* nous apprend que de 1628 à 1782 on a compté 154 tremblemens de terre dans les contrées situées entre l'Océan et les monts Alléghaniens. Ces phénomènes sont encore plus multipliés aux Antilles : à la Guadeloupe, suivant l'observation de *Happel-Lachenaie*, il y en eut :

En 1797 5
En 1798 8
En 1799 4
En 1800 5
En 1801 2

A la Martinique, suivant ma propre observation, il y en eut :

En 1802 3
En 1803 2
En 1804 4
En 1805 2
En 1806 1
En 1807 6

En 1808 2
En 1809 1
En 1810 1

L'année dernière (1816) il y en a eu deux dans la même île : l'un le 3 juillet, et l'autre le 15 juillet. Ce dernier, qui s'est formé de deux secousses, est le plus violent qu'on ait ressenti depuis un demi-siècle.

Les tremblemens de terre désastreux dont on a conservé le souvenir dans l'Archipel, ont eu lieu aux époques suivantes :

1658. Les secousses durèrent près de deux heures.

1688.

1692, le 7 juin. Destruction du Port-Royal de la Jamaïque, et de trois villes de la Province de Quito, au Pérou.

1702.

1704. A la Jamaïque.

1751. Destruction du Port-au-Prince à St.-Domingue.

1755. Le jour de la destruction de Lisbonne, tremblement de terre à Antique, à la Barbade, à Boston, etc.

1757. A la Barbade.

1770. Destruction du Port au Prince.

1776.

1778 et 1779. A Cumana.

1787. A la Martinique, le 23 juillet.

1788. A Sainte-Lucie.

1791. A Cuba, où beaucoup de personnes périrent.

1797. A Cumana ; presque toutes les maisons de pierres furent détruites.

1799. A Cumana.

1802. La même ville éprouva trois tremblemens de terre.

1812. A Kingston de la Jamaïque.

1812. Le 26 mars. 4,500 maisons et 19 églises de Cumana furent renversées ; il périt cinq à six mille personnes.

1812. Le 30 avril. Eruption du volcan de Saint-Vincent. Les cendres et les ponces qu'il lança obscurcirent l'air, et tombèrent en abondance à la Barbade, à la Martinique et à la Guadeloupe.

On a souvent attribué dans l'Archipel, aux tremblemens de terre qu'on y éprouve, des épidémies meurtrières qui se sont répandues à des époques concordantes, avec celles des convulsions du sol. Cette opinion populaire n'est pas sans quelque fondement ; la salubrité de l'atmosphère peut être altérée par les gaz pernicieux, dont l'expansion produit les oscillations de la terre, et dont le dégagement a lieu par les grandes fissures qui divisent le massif minéralogique des montagnes. Néanmoins pour ajouter foi à ce fait, il faudrait des observations moins vagues et moins incertaines que celles qui, jusqu'à présent, en ont été données pour preuves.

La seule calamité qu'on puisse comparer aux tremblemens de terre, l'ouragan, renouvelle ses ravages dans l'Archipel moins fréquemment, mais d'une manière plus funeste. Les plus grands désastres qu'il ait causés ont eu lieu aux époques suivantes, dont la corrélation est susceptible d'offrir peut-être quelques données utiles à la théorie des phénomènes qui composent cet affreux fléau.

1652. Il y eut trois ouragans cette année à la Martinique et Saint-Christophe.

1652.

1653.

1656.

1657. Il y en eut deux à la Martinique et à la Guadeloupe.

1694, 13 octobre. A la Barbade.

1695. Le raz de la marée renverse 200 maisons du quai de Saint-Pierre.

1722. A la Jamaïque et dans les Grandes-Antilles.

1744. Le Port-Royal de la Jamaïque est détruit par l'ouragan.

1751.

1756.

1765, septembre. A la Martinique, à la Guadeloupe, etc.

1766, 13 août.

1772, premier septembre. Dans toutes les Iles du Vent.

1775, 30 juillet et 25 août.

1776, 5 septembre. Il est accompagné de tremblement de terre.

1780, 30 septembre. A la Dominique.

10 octobre. A la Martinique, à la Barbade et la Jamaïque.

1784, 30 juillet. Aux Petites-Antilles et à la Jamaïque.

1785, 31 août. A la Barbade, la Guadeloupe, Saint-Domingue.

1788, 14 août. A la Martinique.

1792, premier août. Dans les Antilles septentrionales, sur-tout à Antiques.

1793, 12 et 13 août. A Saint-Christophe, Saint Eustache, Saint-Thomas.

1813, 23 juillet. A la Martinique, la Dominique, etc.

1816, 16 septembre. A la Martinique.

Il résulte de ce tableau que, dans l'espace de 174 ans, il y a eu 29 ouragans remarquables par les désastres qu'ils ont produits dans l'Archipel.

On observe :

1°. Qu'ils sont bien plus rapprochés dans le commencement de cette période que vers la fin, puisqu'on en compte 7 de 1642 à 1656, dans un espace de 14 ans, tandis que dans celui de 28 ans, depuis 1788 jusqu'en 1816, il n'y en a eu que cinq, dont trois seulement ont ravagé la Martinique ;

2°. Que c'est vers la fin de l'hivernage que les ouragans ont ordinairement lieu, et que leur puissance destructive ne s'est jamais fait sentir avant la fin de juillet, ni après le commencement d'octobre ;

3°. Et enfin, que nonobstant que la disette et la misère qu'ils causent, aient quelquefois fait naître des maladies épidémiques, une opinion populaire leur attribue la propriété de sanifier l'atmosphère. En 1802, lors de l'irruption funeste de la fièvre jaune parmi les Européens nouvellement arrivés, on prétendit que l'extrême malignité de la maladie ainsi que son caractère épidémique et contagieux avaient principalement leur origine dans la longue période qui s'était écoulée, depuis 1788, dans une sorte de stagnation de l'atmosphère qu'aucun ouragan n'avait troublée. En 1814, les circonstances ont semblé appuyer cette conjecture, et peut-être n'est-ce qu'à l'influence de ce phénomène qui avait eu lieu l'année précédente, que fut entièrement due la santé des troupes nouvellement arrivées dans la même île, et qu'un concours de causes actives et puissantes, exposa long-temps à l'action des agens d'où naissent les maladies tropicales. La théorie est d'accord avec les faits pour justifier l'opinion populaire, puisque, outre la production d'oxigène qui a lieu pendant les tempétes, et dont l'effet est d'affaiblir ou de neutraliser les émanations pernicieuses, on sait que les perturbations violentes qu'éprouvent les foréts humides, les bois marécageux et les vallées les plus profondes, doivent en dégager les gaz délétères. Peut-être faut-il ajouter encore à ces causes de la salubrité de l'atmosphère, après l'ouragan, l'action du fluide électrique qui s'y produit alors ou s'y condense d'une manière extraordinaire. Des témoins oculaires, dignes de foi, assurent que telle est son abondance dans cette crise de la nature, qu'il apparaît une foule d'étincelles électriques qu'on distingue aisément jusqu'à six à sept pieds du sol, à la lueur fugitive qu'elles jettent d'instant en instant dans l'obscurité de la nuit et de la tempéte.

12º *Des Phénomènes de l'Electricité.*

C'est seulement dans cette circonstance que les couches inférieures de l'atmosphère manifestent la présence de ce fluide; on ne put en condenser une assez grande quantité, en 1787, à la Martinique, pour obtenir le moindre effet de plusieurs instrumens dont on se servit pour une longue suite d'expériences. Cependant, en 1801, on a expérimenté, à la Guadeloupe, que la machine électrique avait quelque action, pendant 127 jours, sur le nombre de ceux de l'année toute entière; on a observé que l'hygromètre de *Saussure* indiquait d'une manière constante si l'humidité de l'atmosphère permettait de condenser assez de fluide électrique pour produire des effets sensibles.

Dans la haute région des montagnes, l'humidité a moins de puissance sur les phénomènes dépendant de l'électricité; il faut sans doute en chercher la cause dans la vélocité des courans d'air, et dans l'influence géologique que les pitons aigus et isolés des Antilles exercent sur les nuages où se forme la foudre. Pendant l'hivernage, qui est la saison des perturbations violentes de l'atmosphère, le tonnerre se fait entendre assez fréquemment, et part presque toujours de ces foyers électriques. En 1807, il y eut 33 jours dans l'année pendant lesquels il gronda à la Martinique, et en 1808 il y en eut 45. A la Guadeloupe, il y en eut, en 1797, 31; en 1798, 41; en 1799, 25; en 1800, 52; en 1801, 38; ce qui donne le nombre 37 pour terme moyen.

A moins d'un orage dirigé vers les Antilles par les
vents du sud, c'est presque toujours autour des sommets des montagnes que se forment les nuages qui
portent la foudre, et fréquemment dans la saison de
l'hivernage on en voit sortir des éclairs pendant
plusieurs heures consécutives. Les nuées qui versent
sur leur passage des ondées rapides et fécondantes
ou des pluies diluviales et destructives, y prennent
également leur origine ; et c'est sur les vapeurs qui
s'en détachent que se dessinent les arcs-en-ciel so-
laires et lunaires, et ces grands cercles lumineux
dont le disque de la lune paraît souvent environné.
Le séjour de ces hauts sommets offrirait sans doute,
pour récompense, au physicien patient et courageux,
des sujets d'expérience et d'observation du plus vif
intérêt, dans la série nombreuse et la variété des mé-
téores auxquels donnent journellement naissance l'é-
lévation, la structure et le gissement des montagnes
de l'Archipel des Antilles.

13.º *Des Phénomènes chimiques produits par l'action du climat sur les corps inorganiques, les
composés artificiels et les matières inertes.*

Les phénomènes chimiques produits par la puissance
que le climat des Antilles exerce sur les corps inorga-
nisés et sur les substances inertes appropriées aux be-
soins des hommes, ont pour cause, les uns la chaleur
et les autres l'humidité.

On doit rapporter aux effets de l'humidité :

1.º L'oxidation rapide et profonde des métaux dont

les molécules ayant une moindre adhérence , par l'action forte et constante du calorique de l'atmosphère ,
se combinent promptement avec l'oxigène de l'air et
de l'eau ; ce qui leur fait perdre leur éclat , leur dureté
et leurs autres propriétés métalliques. Cette oxidation
ne permet que rarement l'emploi des ustensiles de
cuivre , et elle nécessite le remplacement très-fréquent
de ceux en fer.

2.° La décomposition des substances fossiles , non-
seulement par l'effet de la pénétration profonde de
l'humidité qui tend à désaggréger leurs élémens , mais
encore par l'oxidation de leurs parties ferrugineuses
qui est suivie de la perte de leurs couleurs , ainsi que de
leur propriété magnétique , et d'où résulte bientôt leur
réduction en produits terreux ou arénacés.

3.° L'état de déliquescence des sels , et notamment
du sel marin , qui est rarement sous une forme concrète
et régulière.

4.° La prompte détérioration de la poudre à canon.

5.° L'abaissement du ton ordinaire des instrumens à
cordes et leur dissonnance remarquable sur-tout dans
les harpes et les forté-pianos , où elle résulte de la variation rapide du degré de tension des cordes ;

6.° Le défaut de tenacité des substances qu'on emploie pour coller ;

7.° Le peu de durée des couleurs, en général et sur-
tout de celles qui sont tendres ou mélangées ;

8.° L'altération très-fréquente du tissu des étoffes ,
dont on ne prend pas un soin constant , particulièrement de la toile , qui se pique d'une multitude de taches
noires ineffaçables ;

9.º La moisissure des cuirs , des papiers, etc.;

10.º Le peu de durée de l'étamage des glaces ;

11.º La destruction rapide des bois blancs et poreux qui , dans le cours d'une seule année , sont pourris complètement lorsqu'ils sont enfoncés dans la terre, ou exposés à l'humidité.

On doit mentionner parmi les effets chimiques de la haute température du climat :

1.º La conservation constante de la liquidité de l'eau :

2.º La promptitude beaucoup plus grande de son ébullition ;

3.º L'évaporation très-grande et très-rapide des fluides en contact avec l'air atmosphérique ;

4.º L'état toujours liquide des fluides qui , tels que les huiles , sont concrescibles dans notre climat à une température peu élevée ;

5.º La rapidité avec laquelle toutes les substances animales et végétales passent à l'état de fermentation acide ou putride ;

6.º Leur prompte décomposition et leur gazéification ;

7.º Le durcissement et l'altération des cuirs , des peaux , etc. ;

8.º Le retrécissement des draps et de tous les tissus formés de matières animales, etc.

F I N.

TABLE
DES SECTIONS.